POLECAMY!

Wyszłam z niemocy i depresji, ty też możesz

Praktyczny kurs mówienia i rozmawiania – język angielski

Fiszki Podróżnicze do nauki języka angielskiego

Malowanka
Dziennik Dobrych Zdarzeń

Malowanka
z piosenkami Beatlesów

Blondynka w Japonii

Malowanka
Moje ulubione szczęśliwe piosenki

Malowanka
Najpiękniejsze piosenki świąteczne

Blondynka nad Gangesem

Seria Puzzli Beaty Pawlikowskiej dla całej rodziny

Szczęśliwe garnki.
Kulinarna książka z przepisami na wiosnę

Szczęśliwe garnki.
Kulinarna książka z przepisami na lato

Szczęśliwe garnki.
Kulinarna książka z przepisami na jesień

Szczęśliwe garnki.
Kulinarna książka z przepisami na zimę

Szczęśliwe garnki.
Kulinarna książka z przepisami na święta

Szczęśliwe garnki.
Kulinarna książka z przepisami na ciastka

Między światami

Soki i koktajle świata

Szczęśliwe garnki Extra.
Przepisy na cztery pory roku

Seria edukacyjnych MEMORY Beaty Pawlikowskiej

Narkotyki, anoreksja i inne sekrety

Malowanka
do nauki języka angielskiego z ćwiczeniami

Kasza jaglana

EDIPRESSE
KSIĄŻKI

Beata Pawlikowska

Kasza jaglana

SAŁATKI, ZUPY, DESERY, CIASTA I CIASTKA, SOSY, PASTY DO KANAPEK, DANIA GŁÓWNE, ŚNIADANIA I CHLEBY

SPIS TREŚCI

Legenda o Żółtym Cesarzu 9
Filozofia pięciu przemian 14
Po prostu kasza 19
Najprostszy przepis 20

NAJPROSTSZE PRZEPISY

Kasza dyniowa 24
Kasza jaglana z tymiankiem i szczypiorkiem 25
Kasza prażona z nasionami 26
Kasza z borówkami 28
Kasza z cukinią i kolendrą 29
Kasza z czerwoną fasolą 30
Kasza z dynią i jarmużem 32
Kasza z prażonymi nasionami 33
Tercet egzotyczny 35
Najprostsza jaglanka z bakaliami 36

ŚNIADANIA

Brzoskwiniowe śniadanie dla zmarzniętych 40
Czerwcowe śniadanie z morelami 42
Gujańskie śniadanie z pomidorami 45
Kalifornijskie śniadanie ze śliwkami 47
Kanapka na jaglanym chlebie 48
Kanapki jaglane 50
Chrupiące śniadanie z prażonymi nasionami 51
Włoskie śniadanie z rodzynkami i winogronami 52
Migdałowe śniadanie dla podróżników 54
Sułtańskie śniadanie z rodzynkami i marchewką 56
Poziomkowe śniadanie dla jaskiniowców 58
Radosne śniadanie majowe 61
Słoneczne śniadanie z Madagaskaru 62
Śniadanie na dobry dzień 64
Śniadanie tropikalnego poranka 66
Śniadanie Czirokezów 68
Śniadanie dla zabieganych 69
Śniadanie dobrych duchów 70
Śniadanie hobbitów 72
Śniadanie Sezamkowe 74
Śniadanie Supermana 77
Śniadanie wróżek 78
Ziołowe śniadanie z aligatorem 81

NA DRUGIE ŚNIADANIE, LUNCH I OBIAD

Aromatyczna kasza z selerem i bazylią ... 84
Brukselka z kaszą jaglaną ... 86
Cukinie nadziewane kaszą jaglaną ... 88
Curry z ciecierzycy z kaszą jaglaną ... 90
Dwie kasze z brokułami i orzechami ... 92
Gryczana jaglanka z pomidorami i orzechami nerkowca ... 95
Gulasz czerwcowy z rozmarynem ... 96
Gulasz z ciecierzycą i pomidorami ... 99
Gulasz z soczewicy z kaszą jaglaną ... 100
Jaglane thali ... 102
Kasza cukiniowa z gulaszem z soczewicy ... 104
Kasza jaglana na grzankach z bakłażana ... 106
Kasza jaglana z brokułami i cukinią ... 108
Kasza jaglana z brukselką i bazylią ... 111
Kasza jaglana z fasolką i lubczykiem ... 112
Kasza jaglana z groszkiem i prażonym sezamem ... 114
Kasza jaglana z gulaszem z bakłażanu ... 116
Kasza jaglana z jarmużem, kalafiorem i świeżym majerankiem ... 119
Kasza jaglana z kalafiorem romanesco ... 120
Kasza jaglana z marchewką i kolendrą ... 122
Kasza jaglana z papryką i nasionami dyni ... 125
Kasza w kubku z cukinii ... 126
Kasza z dzikim ryżem i brokułami ... 129
Kasza z fasolką i ogórkiem ... 130
Kasza z fasolką szparagową ... 132
Kasza z młodą kapustką i brokułami ... 135
Kasza z młodą marchewką i brokułami ... 136
Lipcowy tymiankowy gulasz z kaszą jaglaną ... 138
Majowa kasza z bobem i groszkiem ... 140
Mocna kasza z groszkiem i kolendrą ... 142
Paprykowa kasza jaglana z orzechami ... 144
Peruwiańsko-polska kasza z kozieradką ... 147
Placki dyniowe ze słonecznikiem ... 148
Podróżnicza kasza z dynią i jarmużem ... 150
Prażona kasza z zielonym groszkiem ... 152
Witaminada jaglana ... 154
Zapiekanka z kaszy jaglanej ... 156
Zapiekanka z resztek ... 158
Zielona kasza z cukinią i groszkiem ... 161

ZUPY

Imbirowy krem marchewkowy z bazylią ... 164
Krem brokułowy ze szczypiorkiem ... 167
Krem paprykowy z natką i kiełkami 168
Krem pomidorowy z bazylią ... 170
Krem szpinakowy z kiełkami ... 172
Wiosenna zupa z botwinki ... 174
Wiosenna zupa z kalafiorem ... 176
Krem z cukinii z oregano ... 178
Wiosenny krem jaglany z zieloną pietruszką ... 181
Zupa brokułowa z majerankiem ... 182
Zupa brokułowa z soczewicą ... 185
Zupa brukselkowa z kaszą jaglaną ... 186
Zupa jaglana z cukinią ... 188
Zupa jaglana z pomidorów i papryki ... 190
Zupa jaglano-marchewkowa z brukselką ... 192
Zupa jarzynowa z kaszą jaglaną ... 195
Zupa na Dzień Dziecka ... 196
Zupa jaglana z soczewicą i bazylią ... 198
Zupa na mroźny luty ... 200
Zupa z kalarepki z kaszą jaglaną ... 202

SAŁATKI

Czerwcowa sałata z rukolą i fasolką ... 207
Sałatka z rukolą, papryką i pomidorami ... 208
Sałatka z kaszą jaglaną, brokułami i ogórkami małosolnymi ... 210
Sałatka z rukolą i ciecierzycą ... 213
Sałatka z brokułami i papryką ... 214
Sałatka z dzikim ryżem i cukinią ... 217
Sałatka z jarmużem, orzechami i marchewką ... 219
Sałatka ze szpinakiem, brokułami i kaszą ... 220
Sałatka z rukolą i orzechami ... 223
Sałatka z roszponką i selerem naciowym ... 224
Sałatka z roszponką, brokułami i jaglanym sosem ... 227
Sałatka ze szpinakiem, jarmużem i kalafiorem ... 229
Wiosenna sałata z botwinką i młodą kapustą ... 230

SOSY, DIPY I PASTY DO KANAPEK

Bananowy sos z figami ... 234
Czekoladowy sos ze śliwkami ... 236
Czosnkowy sos z rukolą, orzechami i kolendrą ... 239
Dyniowa pasta z papryczką chilli ... 240
Jabłkowy sos ze świeżym majerankiem ... 243
Migdałowy sos ze świeżym oregano ... 244
Orzechowa pasta z fasoli ... 246
Orzechowy sos z awokado ... 248
Pasta brokułowa z kolendrą ... 250
Pasta miętowa z awokado ... 252
Pasta orzechowa z amarantusem ... 255
Pasta z fasoli i suszonych pomidorów ... 256
Pomarańczowy sos ze świeżą bazylią ... 258
Pomarańczowy sos z ciecierzycy ... 260
Pomidorowy sos ze szpinakiem ... 262

CIASTA I CIASTKA

Brzoskwiniowe ciastka z orzechami włoskimi 266
Ciastka z owocami leśnymi 268
Ciasto kokosowe z bakaliami 270
Ciasto marchewkowe z pomarańczami i czekoladą 272
Mazurek migdałowy 274
Ciasto truskawkowe z czekoladą 276
Cynamonowy jabłecznik z kaszą jaglaną 279
Czekoladowe ciastka z amarantusem 280
Jabłkowe ciastka z migdałami 282
Jaglany placek z mango 284
Kakaowe ciastka z orzechami pekan 286
Mazurek pomarańczowy z kaszą jaglaną 288
Morelowe ciastka z orzechami laskowymi 290
Orzechowe ciastka z czekoladą 292
Owsiane ciastka z jagodami 295
Poziomkowe ciastka z sezamem i czekoladą 296

DESERY

Budyń czekoladowy z daktylami 300
Budyń pomarańczowy z orzechami 302
Deser truskawkowo-figowy 304
Budyń jabłkowy z amarantusem 306
Budyń jabłkowy z migdałami 308
Czekoladowo-orzechowy deser z bakaliami 311
Deser jabłkowy z orzechami 313
Deser gruszkowo-orzechowy z amarantusem 315
Kasza z czekoladowym sosem śliwkowym 317
Kasza z sosem figowym 318

CHLEBY

Chleb jaglany z czarnuszką i orzechami 322
Chleb jaglany z czarnuszką i słonecznikiem 324
Chleb na żytnim zakwasie ze śliwkami i orzechami włoskimi 326
Chleb jaglany z migdałami i sezamem 328
Chleb z migdałami i czarnuszką 330
Chleb z siemieniem lnianym i migdałami 332
Chleb jaglano-gryczany z nasionami 334

Legenda o Żółtym Cesarzu

Uwielbiam!

W każdej postaci i o każdej porze dnia.

Czasem gotuję cztery łyżki kaszy jaglanej w niecałym kubku wody i zjadam jako przekąskę. Bez żadnych dodatków, bo jest tak smaczna sama w sobie.

Długo też myślałam, że jest to coś tradycyjnie polskiego z naszej dawnej słowiańskiej kuchni. Pewnie z lektur szkolnych zapamiętałam, że na dawnej polskiej wsi mogło brakować wielu przysmaków, ale jagły były zawsze. Czym były te „jagły"? Wtedy nie wiedziałam, ale uznałam, że z całą pewnością jest to polska specjalność.

Bardzo się zdziwiłam wiele lat później, kiedy odkryłam, że „jagły" to po prostu archaiczna nazwa kaszy jaglanej. Nie konkretnej potrawy, tylko po prostu łuskanego ziarna prosa.

Jeszcze bardziej zdumiałam się podczas przygotowywania audycji radiowej, kiedy natrafiłam na legendę o Żółtym Cesarzu i jego kronikarzu.

Żółty Cesarz był jednym z najsłynniejszych chińskich władców, który z boską mocą rządził od 2697 do 2597 roku, stworzył i podarował swoim ludziom wiele ogromnie przydatnych wynalazków.

Pewnego dnia wezwał do siebie wiernego kronikarza i historyka, który miał czworo oczu, żeby lepiej wszystko widzieć.

W imperium właściwie nie brakowało niczego, z wyjątkiem jednej rzeczy. Cesarz był niezadowolony z istniejącego sposobu przekazywania sobie pisemnych informacji. Zgodnie ze zwyczajem robiono supełki na sznurkach. Do odczytania tak zakodowanych informacji wszystko miało znaczenie – wielkość węzełka, sposób jego zawiązania, kolor i długość sznurka, i choć dotychczas ten system spełniał swoje zadanie, nadszedł czas na zmiany.

Żółty Cesarz wezwał do siebie historyka Cangjie, spojrzał mu w cztery oczy i polecił stworzenie nowego systemu pisma.

Cangjie ukłonił się i wyszedł.

Długo krążył po imperium w poszukiwaniu inspiracji, ale nic nie przychodziło mu do głowy. Wyobraź sobie kogoś, kto nigdy wcześniej nie widział alfabetu. Nagle dostaje zadanie, żeby wymyślić nowe pismo. Ale jak?... Dotychczas wystarczał sznurek i węzełki. A teraz?...

Pewnego popołudnia Cangjie zobaczył na niebie feniksa. Ptak niósł coś w dziobie, ale niespodziewanie otworzył dziób, a przedmiot spadł na ziemię tuż obok stóp kronikarza. Spadł i zostawił dziwny ślad. Wydawało się, że jest podobny do śladów stóp jakiegoś zwierzęcia.

Kronikarz wezwał do siebie myśliwego.

– O tak! – odrzekł myśliwy bez wahania. – To jest ślad *pixiu!*

– Jesteś pewien? – zapytał kronikarz.

– Absolutnie! Tylko *pixiu* zostawia takie ślady!

Dodam, że obaj zapewne odetchnęli z ulgą, że dane im było spotkać ślad *pixiu*, a nie jego samego, ponieważ *pixiu* to dziewiąte dziecko smoka, które wygląda jak lew ze skrzydłami.

Wtedy kronikarza olśniło.

Uświadomił sobie, że istnieją znaki, które są zawsze jednoznacznie rozpoznawalne dla każdego, kto się z nimi zetknie.

Postanowił stworzyć zestaw graficznych symboli wszystkiego, co istnieje.

I tak powstał pisany język chiński.

I teraz to, co najważniejsze i co najbardziej poruszyło mnie podczas czytania tej historii.

Kiedy bogowie dowiedzieli się o pomyśle czterookiego kronikarza, zaczęli płakać, a ich łzy spadły na ziemię jako deszcz... kaszy jaglanej!!!

– Kaszy jaglanej??? – zdumiałam się. – Jak to? Czy niebo nie powinno raczej płakać ryżem w Chinach?

Owszem, ale dopiero później.

Bo pierwsza była kasza jaglana.

Zanim Chińczycy zaczęli jeść ryż, jedli kaszę jaglaną!

I tak odkryłam, to wcale nie jest nasz słowiański wynalazek.

Kasza jaglana pochodzi z Chin, gdzie rosła dziko dla tamtejszych myśliwych pierwszych rzemieślników epoki żelaza, czyli działo się to dawniej niż dwa i pół tysiąca lat temu. Proso było też znane w starożytnych Indiach i Korei.

Dla ówczesnych ludzi odkrycie kaszy jaglanej musiało być prawdziwym cudem. Tym bardziej że jest to roślina, która chętnie rośnie nawet w trudnych warunkach. Nawet tam, gdzie jest zbyt sucho, zbyt ciepło albo zbyt zimno i gdzie inne zboża ginęły.

Podobnie było w Afryce, gdzie rosły dziko miejscowe odmiany prosa, udomowione około 4500 r. p.n.e. Stamtąd proso trafiło później nad Nil, gdzie starożytni Egipcjanie robili z niego placki jaglane!

Proso jest jedną z najdawniej uprawianych roślin, ale musiało przewędrować daleką drogę, żeby z egzotycznych okolic dotrzeć wreszcie do Polski.

KASZA JAGLANA

- Obniża poziom złego **cholesterolu**.
- Wspomaga poprawne działanie **nerek** i **wątroby**.
- **Wzmacnia układ odpornościowy**, czyli podnosi poziom naturalnej odporności organizmu na choroby.
- Pomaga w **dolegliwościach jelitowych**.
- **Neutralizuje kwasy**, pomaga przywrócić równowagę kwasowo-zasadową w organizmie.

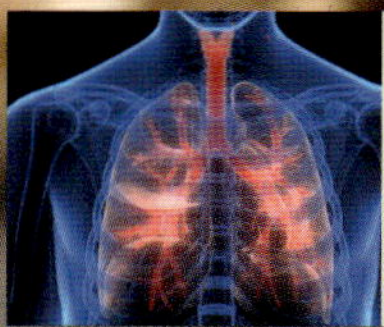

Pomaga w leczeniu **astmy**.

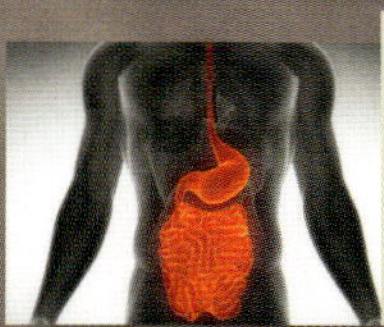

Zawarty w niej błonnik **czyści jelita**.

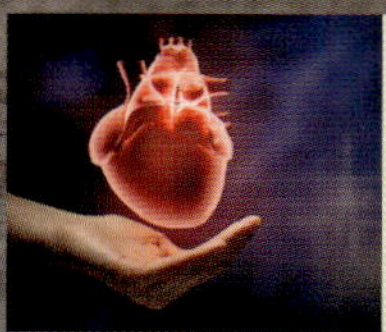

Wzmacnia **serce**.

Cu Si Mn P Mg

Zawiera **krzem**, który poprawia stan włosów, paznokci, stawów i skóry.

Zawiera **witaminy** z grupy B.

WIT. B

Zawiera dużo **białka**.

Zawiera dużo **miedzi**, **fosforu**, **manganu** i **magnezu**.

Zawiera **antyoksydanty**, które zatrzymują wolne rodniki wywołujące nowotwory.

Jest **lekkostrawna**.

Jest **bezglutenowa**.

Można ją jeść w zupie, do drugiego dania, w deserach i sałatkach.

Mąki jaglanej można używać do pieczenia chleba i ciast.

Ja kupuję tylko ekologiczną kaszę jaglaną, dzięki czemu mam pewność, że wyrosła na ziemi czystej od chemicznych nawozów i nie zawiera syntetycznych toksyn.
Pół kilograma ekologicznej kaszy jaglanej kosztuje 5 złotych. Można ją znaleźć w wielu internetowych sklepach ekologicznych.

Filozofia pięciu przemian

Prawie wszystkie przepisy przygotowałam na bazie dawnej chińskiej filozofii pięciu przemian. To może brzmi skomplikowanie, ale jest bardzo proste.

Pory roku następują po sobie w określonej kolejności. W ludzkim organizmie jest tak samo. Poszczególne narządy wewnętrzne zależą od siebie i wzajemnie się wzmacniają. Gotowanie według filozofii pięciu przemian podąża za tym porządkiem.

W praktyce gotowanie zgodne z filozofią pięciu przemian polega na tym, żeby dodawać składniki w określonej kolejności. Tylko tyle.

Chodzi o to, żeby użyć produktów, które pobudzą w odpowiedniej kolejności wszystkie narządy wewnętrzne, dzięki czemu każdy z nich zostanie nakarmiony tym, czego najbardziej potrzebuje.

Jest pięć żywiołów odpowiadających pięciu porom roku:

D – Drzewo, wiosna

O – Ogień, lato

Z – Ziemia, późne lato

M – Metal, jesień

W – Woda, zima.

Każdy z tych żywiołów jest połączony z grupą narządów wewnętrznych:

D – Drzewo, wiosna – wątroba, woreczek żółciowy

O – Ogień, lato – serce, jelito cienkie, układ krążenia

Z – Ziemia, późne lato – śledziona, trzustka, żołądek

M – Metal, jesień – płuca, jelito grube

W – Woda, zima – nerki, pęcherz moczowy.

Każdy produkt, którego używasz do gotowania potrawy, należy do jednego z tych pięciu żywiołów. Tabele łatwo znajdziesz w internecie.

Każda rzecz służąca do zjedzenia w określony sposób działa na konkretne narządy wewnętrzne, samopoczucie i funkcjonowanie całego organizmu.

Na przykład pomarańcze ochładzają, a jednocześnie pobudzają i karmią wątrobę i woreczek żółciowy. Pomarańcze należą do smaku kwaśnego związanego z wiosną, podobnie jak truskawki, cytryny, maliny, pomidory czy nać pietruszki.

Kasza jaglana należy do żywiołu Ziemi. Harmonizuje, przywraca wewnętrzną równowagę i ma charakter neutralny.

Gotowanie według pięciu przemian polega na tym, żeby dodać składniki w określonej kolejności.

Dlatego zawsze najpierw dodaję kaszę jaglaną i ziemniak, a dopiero potem por lub listek laurowy. Bo dwa pierwsze należą do żywiołu Ziemi wspierającego żołądek i śledzionę, a listek laurowy i por to żywioł metalu powiązany z płucami i jelitem grubym. Żołądek jest przed jelitem, a nie odwrotnie. To logiczne.

Idealne danie to takie, do którego dodano choćby najmniejszy składnik z każdego żywiołu. Zobaczysz to w moich przepisach. Przy każdym składniku jest podany symbol żywiołu, do którego należy.

Można oczywiście wrzucić do garnka składniki w przypadkowej kolejności.

Myślę jednak, że jeśli spróbujesz zrobić to tak, jak napisałam, odkryjesz, że tak przygotowane jedzenie po prostu lepiej smakuje.

I to jest właściwie jedyny powód, dla którego wszystkie potrawy robię zgodnie z zasadą pięciu przemian i pięciu żywiołów. Tak jest po prostu bardziej smacznie. Poza tym mam wrażenie, że takie jedzenie jest bardziej harmonijne, więc karmi zarówno ciało, jak i duszę.

Smacznego!

Po prostu kasza

Uwielbiam!

Czasem mam ochotę na czystą kaszę jaglaną bez żadnych dodatków.

Taka kasza ma magiczne działanie.

Wzmacnia od środka.

Przywraca do równowagi.

Uspokaja żołądek.

Pieści skórę.

Kiedy wracam z dalekiej wyprawy przez trudne zakątki świata, gdzie się zmęczyłam, głodowałam, a czasem byłam zmuszona jeść to, czego nie lubię i co mi nie służy, zawsze zaczynam od kaszy jaglanej.

Zdarza się, że przez trzy dni jem głównie kaszę jaglaną, bo mam na nią tak wielką ochotę.

I naprawdę porcja zdrowej, najlepiej ekologicznej kaszy jaglanej ugotowanej w niewielkiej ilości wody ze szczyptą soli (lub bez) fantastycznie czyści, naprawia, reguluje i przywraca wewnętrzną równowagę.

PROPORCJE

- **4 łyżki kaszy**
- **1 kubek gorącej wody**
- **szczypta soli**

To porcja idealna dla jednej osoby.

Najprostszy przepis

- **4 łyżki kaszy jaglanej**
- **szczypta soli**

Wlej do garnka ok. kubka gorącej wody, doprowadź do wrzenia.

Dodaj opłukaną kaszę jaglaną i sól.

Gotuj bez przykrycia na średnim ogniu[1] przez ok. 10 minut.

Zmniejsz ogień, przykryj garnek i gotuj jeszcze na małym płomyku[2] przez niecałe 10 minut aż kasza wchłonie wodę i zwiększy objętość.

Czas gotowania może być trochę inny w zależności od tego, jak duży płomień zrobisz pod garnkiem.

Generalnie chodzi o to, żeby najpierw obgotować kaszę, odparować prawie całą wodę, a potem dać kaszy czas na urośnięcie, spuchnięcie, wchłonięcie wody i osiągnięcie takiego stanu, kiedy jest spęczniała, pysznie żółta i prawie sucha.

Ja uwielbiam tak ugotowaną kaszę i zjadam ją bez żadnych dodatków.

Jeśli lubisz, możesz dodać na wierzch łyżeczkę miodu albo domowych konfitur.

To jest porcja w sam raz dla jednej osoby.

---

1 U mnie na elektrycznej płycie to jest płomień o natężeniu 5.5 lub 6.

2 U mnie na elektrycznej płycie – płomień nr 3.

NAJPROSTSZE PRZEPISY

Kasza dyniowa

Dodatek świeżej dyni nada kaszy lekko słodkiej nuty, choć to wcale nie jest danie na deser.

Tak przyrządzoną kaszę możesz śmiało podać do gulaszu, soczewic i każdego innego obiadowego dania.

- **8 łyżek kaszy jaglanej**
- **plasterek świeżej dyni**
- **1 szczypta dobrej, nierafinowanej soli**
- **listki świeżej natki pietruszki**

Do garnka wlej dwa kubki gorącej wody, zagotuj.

Dodaj opłukaną kaszę jaglaną i szczyptę soli.

Dynię obierz, usuń nasiona, miąższ pokrój w kostkę, dodaj do garnka.

Gotuj na niedużym ogniu aż kasza wchłonie wodę, mieszając od czasu do czasu.

Podawaj ze świeżą natką pietruszki.

Kasza jaglana
z tymiankiem i szczypiorkiem

- **4 łyżki kaszy jaglanej**
- **1 szczypta dobrej, nierafinowanej soli**
- **kilka łodyżek szczypiorku**
- **listki świeżego tymianku**

Do małego garnka wlej ok. kubka gorącej wody, zagotuj.
Dodaj opłukaną kaszę jaglaną i szczyptę soli.
Gotuj na niedużym ogniu aż kasza wchłonie wodę.
Podawaj ze świeżym szczypiorkiem i tymiankiem.

Kasza prażona z nasionami

- **4 łyżki kaszy jaglanej**
- **1 garść nasion dyni**
- **1 garść nasion słonecznika**
- **1 garść sezamu**
- **1 łyżka siemienia lnianego**
- **1 szczypta soli**

Prażona kasza wygląda i smakuje zupełnie inaczej niż gotowana.

Jest bardziej aromatyczna, orzechowa, sypka, a dodatek prażonych nasion dodaje jej chrupkości.

Można jej używać zarówno do głównych dań, jak i do deserów.

Jest też świetna sama w sobie, bez dodatków.

Rozgrzej suchą patelnię.

Wsyp kaszę, nasiona i sól.

Podpiekaj na średnim ogniu często mieszając aż zobaczysz, że kasza staje się złociście brązowa, a nasiona aromatycznie pachną.

Przesyp zawartość patelni do garnka, dolej kubek gorącej wody, wymieszaj.

Gotuj bez przykrycia na niewielkim ogniu jeszcze ok. 15 minut, aż kasza zwiększy objętość i wchłonie wodę.

Kasza z borówkami

- **4 łyżki kaszy jaglanej**
- **1 szczypta dobrej, nierafinowanej soli**
- **kubek świeżych borówek albo jagód**

Do garnka wlej kubek gorącej wody, zagotuj.

Dodaj opłukaną kaszę jaglaną i szczyptę soli.

Gotuj na niedużym ogniu, aż kasza wchłonie wodę, mieszając od czasu do czasu.

Podawaj ze świeżymi borówkami.

Kasza z cukinią i kolendrą

- **8 łyżek kaszy jaglanej**
- **pół niewielkiej cukinii**
- **kilka gałązek świeżej kolendry**
- **szczypta soli**

Do garnka wlej 2 kubki gorącej wody, zagotuj.

Dodaj opłukaną kaszę jaglaną i szczyptę soli.

Cukinię umyj, chwyć ją pionowo i razem ze skórką zetrzyj na wiórki na tarce typu julienne.

Chodzi o to, żeby ścierać cukinię na jej dłuższym boku – żeby uzyskać długie wiórki.

Zetrzyj tylko jej zewnętrzną część, grubości około 0,5–1 centymetra, znajdującą się dookoła miękkiego miąższu z pestkami. Miąższ wyrzuć.

Jeśli nie masz tarki julienne, możesz zetrzeć cukinię na zwykłej tarce na grubych oczkach.

Dodaj wiórki cukinii do garnka, zamieszaj.

Gotuj na średnim, a potem małym ogniu przez ok. 10–15 minut, aż kasza zwiększy objętość i wchłonie wodę.

Podawaj ze świeżą, posiekaną kolendrą.

Kasza z czerwoną fasolą

W Ameryce Środkowej bardzo popularny jest ryż wymieszany z czarną albo czerwoną fasolą. Zajadałam się nim w Kostaryce, Nikaragui i na Kubie.

Postanowiłam spróbować czy fasola równie dobrze pasuje do kaszy jaglanej i okazało się, że tak!

Lekka, neutralna kasza zyskuje dzięki temu dodatkowy smak i wielką porcję białka.

Jedynym utrudnieniem może być fakt, że kaszę trzeba poprzedniego wieczoru zalać zimną wodą i zostawić do rana, żeby się namoczyła.

- **8 łyżek kaszy jaglanej**
- **4 łyżki suszonej czerwonej fasoli**
- **1 szczypta dobrej, nierafinowanej soli**
- **listki świeżej natki pietruszki**

Do garnka wlej dwa kubki gorącej wody, zagotuj.

Dodaj opłukaną kaszę jaglaną i szczyptę soli.

Dodaj opłukaną, odsączoną fasolę.

Gotuj na niedużym ogniu aż kasza wchłonie wodę, mieszając od czasu do czasu.

Możesz też zrobić inaczej.

Namoczoną fasolę opłucz, odsącz z wody.

Przełóż ją do garnka, zalej niewielką ilością wrzątku, dodaj szczyptę soli i ugotuj do miękkości (ok. 15 minut).

Tak ugotowaną fasolę możesz dodać do sałatki albo do zupy.

Możesz też dodać ją pod koniec gotowania do kaszy jaglanej.

Kasza z dynią i jarmużem

- **8 łyżek kaszy jaglanej**
- **mały kawałek świeżej dyni**
- **1 liść świeżego jarmużu**
- **1 szczypta dobrej, nierafinowanej soli**
- **świeża kolendra**

Do garnka wlej dwa kubki gorącej wody, zagotuj.

Dodaj opłukaną kaszę jaglaną i szczyptę soli.

Liść jarmużu opłucz, porwij palcami na mniejsze kawałki, dodaj do garnka, wymieszaj.

Dynię obierz ze skórki, wyjmij pestki, miąższ pokrój w kostkę, dodaj do garnka, wymieszaj.

Gotuj na niedużym ogniu aż kasza wchłonie wodę, mieszając od czasu do czasu.

Podawaj ze świeżą kolendrą.

Kasza z prażonymi nasionami

- **4 łyżki kaszy jaglanej**
- **szczypta soli**
- **garść nasion słonecznika**
- **garść nasion dyni**
- **garść sezamu**
- **pół garści siemienia lnianego**
- **pół łyżeczki dobrej, nierafinowanej soli morskiej**

Do garnka wlej kubek gorącej wody, zagotuj.

Dodaj opłukaną kaszę jaglaną i szczyptę soli.

Zamieszaj, gotuj na średnim, a potem małym ogniu przez ok. 10–15 minut, aż kasza zwiększy objętość i wchłonie wodę.

Suchą patelnię rozgrzej.

Wsyp na nią nasiona, dodaj sól i praż na suchej patelni, często mieszając, żeby nasiona opiekły się ze wszystkich stron. Wystarczy pięć minut – poczujesz, że nasiona zaczynają mocniej pachnieć, sezam robi się złoty, a siemię lniane wyskakuje z patelni.

Gorącą kaszę przełóż do miseczki, posyp świeżo prażonymi nasionami.

Często jadam to na śniadanie.

To jest pyszne!

Tercet egzotyczny

A gdyby tak połączyć smak polski, inkaski i aztecki?

Quinoa pochodzi z górskich okolic Ameryki Południowej. Zawiera tak dużo białka, witamin i pierwiastków (m.in. żelazo, cynk, magnez, fosfor, mangan), że codziennie jedli ją inkascy wojownicy.

Amarantus był ulubionym pożywieniem Azteków. Robiono z niego dania, napoje i desery. Zawiera dużo białka, błonnika, pierwiastków (m.in. mangan, magnez, żelazo, selen) i witamin.

- **2 łyżki kaszy jaglanej**
- **2 łyżki kaszy quinoa**
- **1 łyżeczka amarantusa**
- **1 szczypta soli**

Do garnka wlej mniej więcej kubek gorącej wody, zagotuj.

Dodaj opłukaną kaszę quinoa, opłukaną kaszę jaglaną i amarantus, wymieszaj.

Dodaj szczyptę soli.

Gotuj na niedużym ogniu aż kasze powiększą objętość i wchłoną wodę, mieszając od czasu do czasu.

Tak przygotowaną kaszę możesz podawać do obiadu albo zjeść jako lekką i bardzo wzmacniającą przekąskę z dodatkiem prażonego sezamu albo ulubionych owoców.

Najprostsza jaglanka z bakaliami

- 4 łyżki kaszy jaglanej
- 2 orzechy brazylijskie
- 1 suszona figa
- 1 łyżka ciemnych rodzynek
- 10 połówek orzechów pekan
- szczypta soli

Do małego garnka wlej kubek gorącej wody, dodaj szczyptę soli, zagotuj.

Dodaj opłukaną kaszę jaglaną, zamieszaj.

Orzechy brazylijskie i figę pokrój w plasterki, orzechy pekan z grubsza posiekaj nożem. Dodaj bakalie do garnka, zamieszaj.

Gotuj na średnim ogniu (ja używam elektrycznej płyty i gotuję kaszę bez przykrycia na płomieniu nr 3) przez ok. 10–15 minut – chodzi o to, żeby odparować wodę.

Kiedy woda odparuje, zmniejsz płomień do minimum, nałóż na garnek przykrywkę i trzymaj jeszcze przez chwilę w cieple, żeby kasza „dojrzała".

ŚNIADANIA

Brzoskwiniowe
śniadanie dla zmarzniętych

- **4 łyżki kaszy jaglanej**
- **1 garść nasion dyni**
- **1 garść nasion słonecznika**
- **1 garść nasion sezamu**
- **1 dojrzała, soczysta brzoskwinia**
- **1 truskawka**
- **szczypta soli**

Kaszę i nasiona wsyp na suchą patelnię i podgrzewaj, żeby się podpiekły. Pamiętaj, żeby często mieszać i pilnować, żeby całość się nie przypaliła.

Podczas prażenia kasza zmienia smak i kolor, staje się bardziej brązowa, orzechowa i sucha, a uprażone nasiona dodają jej chrupkości.

Uprażoną kaszę z nasionami przesyp do garnka, zalej gorącą wodą, dodaj szczyptę soli i gotuj przez ok. 10–15 minut, aż kasza zwiększy objętość i wchłonie wodę.

Kiedy kasza będzie gotowa, przesyp ją do miski.

Na wierzchu ułóż umytą brzoskwinię pokrojoną na cząstki i truskawkę.

Czerwcowe śniadanie z morelami

- **4 łyżki kaszy jaglanej**
- **1 łyżka ciemnego siemienia lnianego**
- **garść suszonych nasion dyni**
- **1 łyżka ciemnych rodzynek**
- **1 świeża morela**
- **2 ciemne suszone morele**[1]
- **2 łyżki świeżo wyciśniętego soku z pomarańczy**
- **czubek łyżeczki suszonego imbiru**
- **ćwierć łyżeczki kurkumy**
- **szczypta soli**

(O) Do garnka wlej kubek gorącej wody, zagotuj

(Z) Dodaj opłukaną kaszę jaglaną

Wymieszaj, gotuj przez co najmniej minutę

(M) Dodaj imbir

Wymieszaj, gotuj przez co najmniej minutę

(W) Dodaj szczyptę dobrej, nierafinowanej soli

Wymieszaj, gotuj przez co najmniej minutę

(D) Dodaj sok pomarańczowy

Wymieszaj, gotuj przez co najmniej minutę

(O) Dodaj kurkumę i jeśli potrzeba, gorącej wody. Powinno jej być tyle, żeby kasza była przykryta

Wymieszaj, gotuj pod przykryciem przez co najmniej minutę

(Z) Dodaj nasiona dyni, rodzynki i suszone morele pokrojone w paseczki i pół świeżej moreli pokrojonej w paski

Wymieszaj, gotuj na małym ogniu jeszcze ok. 10–15 minut – aż kasza spuchnie i wchłonie wodę.

Podawaj z połówką świeżej moreli.

---

[1] Pomarańczowe suszone morele są siarkowane, czyli niezdrowe. Dobre suszone morele powinny być brązowe.

Gujańskie śniadanie z pomidorami

Trzy wiodące kolory tego śniadania skojarzyły mi się z flagą Gujany – kraju na północnym wybrzeżu Ameryki Południowej.

Takiego śniadania tam nie jadłam, ale wszędzie widziałam żółto-czerwono-zieloną gujańską flagę.

- **4 łyżki kaszy jaglanej**
- **pół pomidora**
- **5 zielonych fasolek szparagowych**
- **2 łyżki zielonego groszku**
- **garść suszonych nasion dyni**
- **ćwierć łyżeczki kurkumy**
- **1 liść laurowy**
- **ćwierć łyżeczki oregano**
- **ćwierć łyżeczki suszonej bazylii**
- **szczypta soli**

(O) Do garnka wlej około szklanki gorącej wody, zagotuj

(Z) Fasolkę umyj, odetnij końcówki, przekrój na połowy, dodaj do wody. Dodaj też opłukaną kaszę

Wymieszaj, gotuj przez co najmniej minutę

(M) Dodaj liść laurowy, oregano i bazylię

Wymieszaj, gotuj przez co najmniej minutę

(W) Dodaj szczyptę dobrej, nierafinowanej soli

Wymieszaj, gotuj przez co najmniej minutę

(D) Dodaj drobno pokrojonego pomidora

Wymieszaj, gotuj przez co najmniej minutę

(O) Dodaj kurkumę i jeśli potrzeba, gorącej wody. Powinno jej być tyle, żeby kasza była przykryta.

Wymieszaj, gotuj pod przykryciem przez co najmniej minutę

(Z) Dodaj zielony groszek i nasiona dyni

Wymieszaj, gotuj na małym ogniu jeszcze ok. 10 minut – aż kasza zmięknie i wchłonie wodę.

Kalifornijskie śniadanie ze śliwkami

- 3 łyżki kaszy jaglanej
- 2 łyżki płatków owsianych
- 5 suszonych śliwek
- 1 suszona figa
- garść nasion słonecznika
- cząstka pomarańczy
- ćwierć łyżeczki kurkumy
- szczypta dobrej, nierafinowanej soli

(O) Do garnka wlej półtora kubka gorącej wody, zagotuj

(Z) Dodaj opłukaną kaszę jaglaną

Wymieszaj, gotuj przez co najmniej minutę

(M) Dodaj płatki owsiane

Wymieszaj, gotuj przez co najmniej minutę

(W) Dodaj szczyptę soli

Wymieszaj, gotuj przez co najmniej minutę

(D) Dodaj pomarańczę i wyciśnij z niej łyżką sok

Wymieszaj, gotuj przez co najmniej minutę

(O) Dodaj kurkumę i jeśli potrzeba, gorącej wody. Powinno jej być tyle, żeby kasza była przykryta.

Wymieszaj, gotuj pod przykryciem przez co najmniej minutę

(Z) Dodaj słonecznik, śliwki pokrojone w plasterki i tak samo pokrojoną figę

Wymieszaj, gotuj na małym ogniu jeszcze ok. 10–15 minut, aż kasza wchłonie wodę.

Kanapka
na jaglanym chlebie

To jest jedna z moich ulubionych kanapek.

Takie śniadanie najchętniej jadam latem, szczególnie na tarasie w blasku słońca ☺

Dojrzałe awokado powinno lekko uginać się pod palcem, mieć zieloną (lub prawie czarną, zależnie od odmiany) skórkę bez plam. W środku powinno być żółte przy pestce i coraz bardziej zielone w stronę skórki, bez ciemnych przebarwień.

Takie awokado jest pyszne, zdrowe i fantastycznie zastępuje masło.

- **4 kromki domowego jaglanego chleba – przepis znajdziesz na str. 322**
- **1 dojrzałe, miękkie awokado**
- **1 dojrzały pomidor malinowy**
- **świeże zioła: kolendra, natka pietruszki, szczypiorek, tymianek**

Awokado umyj, nakrój nożem wzdłuż dookoła.

Chwyć awokado w dwie dłonie i przekręć w odwrotne strony – jedną dłonią w prawo (od siebie), drugą w lewo (do siebie), żeby oderwać miąższ od pestki. Wtedy awokado powinno otworzyć się na dwie połówki.

Łyżeczką nabierz miąższ awokado tak, jak nabiera się lody.

Posmaruj chleb, przykryj plasterkiem pomidora, posyp siekanymi ziołami.

Pyszne!

Kanapki jaglane

To właściwie nie jest precyzyjny przepis, a raczej inspiracja.

Pewnego dnia nie miałam czasu, żeby zrobić pastę do chleba.

Skończyło mi się awokado.

Nie miałam właściwie nic oprócz resztki wczorajszego obiadu.

Spojrzałam na wczorajszą soczewicę z brokułami.

Właściwie...

Można by to zmiksować w blenderze i wtedy to byłaby pasta z soczewicy.

Ale w gruncie rzeczy wystarczy tylko trochę przygrzać
to danie i położyć je na domowym, jaglanym chlebie.

Dodać na wierzchu trochę świeżych ziół.

I kanapka gotowa!

Chrupiące śniadanie z prażonymi nasionami

To jedno z moich ulubionych śniadań – proste, szybkie i sycące.

Jest lekkie, smaczne i daje ogromnie przyjemne uczucie siły i zadowolenia.

Mam zawsze wtedy wrażenie, że organizm się cieszy, że dostał coś tak pożywnego i wzmacniającego, a jednocześnie przywracającego wewnętrzną równowagę.

Przepis znajdziesz na stronie 33.

Włoskie śniadanie
z rodzynkami i winogronami

Nazwałam je włoskim, dlatego że w roli głównej występują winogrona i rodzynki (robione z suszonych winogron), a przecież winogrona i winnice to jeden z elementów włoskiego krajobrazu. No i włoskie orzechy, które we Włoszech wcale nie nazywają się włoskie, tylko noci, czyli po prostu „orzechy".

- **3 łyżki kaszy jaglanej**
- **1 czubata łyżka płatków owsianych**
- **pół słodkiego jabłka**
- **1 cząstka pomarańczy**
- **garść ciemnych rodzynek**
- **garść orzechów włoskich**
- **czubek łyżeczki cynamonu**
- **ćwierć łyżeczki kurkumy**
- **kilka czarnych winogron**
- **szczypta soli**

(O) Do garnka wlej około szklanki gorącej wody, zagotuj

(Z) Dodaj opłukaną kaszę i jabłko starte na drobnych oczkach na tarce (razem ze skórką i sokiem)

Wymieszaj, gotuj przez co najmniej minutę

(M) Dodaj płatki owsiane

Wymieszaj, gotuj przez co najmniej minutę

(W) Dodaj szczyptę dobrej, nierafinowanej soli

Wymieszaj, gotuj przez co najmniej minutę

(D) Dodaj cząstkę pomarańczy obraną z białej skórki

Wymieszaj, gotuj przez co najmniej minutę

(O) Dodaj kurkumę i jeśli potrzeba, gorącej wody. Powinno jej być tyle, żeby kasza była przykryta.

Wymieszaj, gotuj pod przykryciem przez co najmniej minutę

(Z) Dodaj rodzynki i z grubsza posiekane orzechy włoskie

Wymieszaj, gotuj na małym ogniu jeszcze ok. 10 minut – aż kasza zmięknie i wchłonie wodę.

Podawaj hojnie posypane prażonym sezamem i słonecznikiem.

Migdałowe śniadanie dla podróżników

- **4 łyżki kaszy jaglanej**
- **ćwierć słodkiego, soczystego jabłka (ja użyłam ligola)**
- **garść płatków migdałowych**
- **2 plasterki banana (do dekoracji)**
- **1 plaster pomarańczy**
- **2 suszone daktyle**
- **czubek łyżeczki kardamonu**
- **ćwierć łyżeczki kurkumy**
- **szczypta dobrej, nierafinowanej soli**

(O) Do garnka wlej kubek gorącej wody, zagotuj

(Z) Dodaj opłukaną kaszę jaglaną, migdały i jabłko starte na grubej tarce

Wymieszaj, gotuj przez co najmniej minutę

(M) Dodaj kardamon

Wymieszaj, gotuj przez co najmniej minutę

(W) Dodaj szczyptę soli

Wymieszaj, gotuj przez co najmniej minutę

(D) Pomarańczę umyj i sparz wrzątkiem. Ukrój plaster ze skórką i dodaj do garnka

Wymieszaj, gotuj przez co najmniej minutę

(O) Dodaj kurkumę i jeśli potrzeba, gorącej wody. Powinno jej być tyle, żeby kasza była przykryta

Wymieszaj, gotuj pod przykryciem przez co najmniej minutę

(Z) Dodaj daktyle pokrojone na plasterki

Wymieszaj, gotuj na małym ogniu jeszcze 10–15 minut – aż kasza zwiększy objętość, spuchnie i wchłonie wodę.

Podawaj z plasterkiem banana.

Sułtańskie śniadanie
z rodzynkami i marchewką

- 4 łyżki kaszy jaglanej
- pół marchewki
- 1 plaster pomarańczy
- garść ciemnych rodzynek sułtanek
- czubek łyżeczki mielonego imbiru
- czubek łyżeczki mielonej kolendry
- ćwierć łyżeczki kurkumy
- szczypta soli

Suchą kaszę upraż w suchym garnku.

(O) Dodaj ok. półtorej szklanki gorącej wody

Wymieszaj, gotuj przez co najmniej minutę

(Z) Dodaj marchewkę startą na wiórki

Wymieszaj, gotuj przez co najmniej minutę

(M) Dodaj imbir i kolendrę

Wymieszaj, gotuj przez co najmniej minutę

(W) Dodaj szczyptę dobrej, nierafinowanej soli

Wymieszaj, gotuj przez co najmniej minutę

(D) Pomarańczę umyj i sparz wrzątkiem.
Ukrój plaster ze skórką i dodaj do garnka

Wymieszaj, gotuj przez co najmniej minutę

(O) Dodaj kurkumę i jeśli potrzeba, gorącej wody.
Powinno jej być tyle, żeby kasza była mokra.

Wymieszaj, gotuj pod przykryciem przez co najmniej minutę

(Z) Dodaj rodzynki

Wymieszaj, gotuj na małym ogniu jeszcze
ok. 10 minut – aż kasza spuchnie i wchłonie wodę.

Poziomkowe śniadanie dla jaskiniowców

Poziomki istnieją na świecie tak długo, że na pewno jadali je jaskiniowcy. Wyobraź sobie, jak musiały wtedy smakować – pełne leśnego szeptu i gorącego prahistorycznego słońca.

- **4 łyżki kaszy jaglanej**
- **1 suszona figa**
- **2 łyżki ciemnych rodzynek**
- **garść suszonych nasion dyni**
- **garść świeżych poziomek**
- **czubek łyżeczki suszonego imbiru**
- **ćwierć łyżeczki kurkumy**
- **szczypta soli**

(O) Do garnka wlej kubek gorącej wody, zagotuj

(Z) Dodaj opłukaną kaszę jaglaną

Wymieszaj, gotuj przez co najmniej minutę

(M) Dodaj imbir

Wymieszaj, gotuj przez co najmniej minutę

(W) Dodaj szczyptę dobrej, nierafinowanej soli

Wymieszaj, gotuj przez co najmniej minutę

(D) Dodaj połowę poziomek

Wymieszaj, gotuj przez co najmniej minutę

(O) Dodaj kurkumę i jeśli potrzeba, gorącej wody. Powinno jej być tyle, żeby kasza była przykryta

Wymieszaj, gotuj pod przykryciem przez co najmniej minutę

(Z) Dodaj rodzynki i nasiona dyni

Wymieszaj, gotuj na małym ogniu jeszcze ok. 10–15 minut – aż kasza spuchnie i wchłonie wodę.

Podawaj z pozostałymi poziomkami.

PIERWSZE TRUSKAWKI,
HURRA!!!

Radosne śniadanie majowe

- **4 łyżki kaszy jaglanej**
- **2 suszone daktyle**
- **garść nasion słonecznika**
- **czubek łyżeczki kardamonu**
- **2 truskawki**
- **ćwierć łyżeczki kurkumy**
- **szczypta soli**

(O) Do garnka wlej kubek gorącej wody, zagotuj

(Z) Dodaj opłukaną kaszę jaglaną

Wymieszaj, gotuj przez co najmniej minutę

(M) Dodaj kardamon

Wymieszaj, gotuj przez co najmniej minutę

(W) Dodaj szczyptę dobrej, nierafinowanej soli

Wymieszaj, gotuj przez co najmniej minutę

(D) Dodaj jedną truskawkę pokrojoną w plasterki

Wymieszaj, gotuj przez co najmniej minutę

(O) Dodaj kurkumę i jeśli potrzeba, gorącej wody. Powinno jej być tyle, żeby kasza była przykryta

Wymieszaj, gotuj pod przykryciem przez co najmniej minutę

(Z) Dodaj daktyle pokrojone w plasterki i słonecznik

Wymieszaj, gotuj na małym ogniu jeszcze ok. 10–15 minut – aż kasza spuchnie i wchłonie wodę.

Podawaj z drugą truskawką.

Słoneczne śniadanie z Madagaskaru

Wymyśliłam to śniadanie planując wyprawę na Madagaskar.

Było gorące lato pełne dojrzałych, słonecznych owoców.

Zapowiedziano właśnie powstanie czwartej części przygód Zebry, Hipopotama, Żyrafy i Lwa z serii filmów „Madagaskar".

A więc Madagaskar!

- **4 łyżki kaszy jaglanej**
- **2 łyżki nasion słonecznika**
- **1 łyżka sezamu**
- **1 brzoskwinia**
- **1 morela**
- **pół banana**
- **truskawki i listki mięty (do ozdoby)**

Rozgrzej suchą patelnię. Wsyp na nią suchą kaszę, sezam, słonecznik i siemię. Praż je na sucho, często mieszając, żeby się nie przypaliły. Nasiona staną się dzięki temu bardziej aromatyczne, a kasza ściemnieje i nabierze bardziej orzechowego aromatu.

Po kilku minutach prażenia zobaczysz, że kasza zmieni kolor i stanie się jasnobrązowa.

Przesyp kaszę z nasionami do garnka, dolej około kubka gorącej wody i gotuj na niezbyt dużym ogniu aż kasza zwiększy objętość i wchłonie wodę.

Brzoskwinię i morelę umyj, wyjmij pestki.

Pokrój je ze skórką na mniejsze kawałki.

Banana obierz, pokrój na plasterki.

Brzoskwinię, morelę i banana zmiksuj w malakserze na żółtą, gładką masę.

Jeszcze gorącą kaszę nałóż ciasno do małej miseczki, ubij palcami.

Połóż na wierzch talerz, a potem odwróć go do góry nogami razem z miseczką.

Kiedy ją zdejmiesz, na talerzu powinna zostać ładna, okrągła górka kaszy.

Polej ją zmiksowanymi owocami.

Ozdób truskawką i listkami mięty.

Kaszę możesz zostawić do następnego dnia.

Wystarczy przygrzać ją w suchym garnku albo w parowarze.

Zrobienie sosu zajmuje pięć minut, więc lepiej zawsze robić świeży.

Śniadanie na dobry dzień

- **1 łyżka kaszy jaglanej**
- **3 łyżki płatków owsianych**
- **1 łyżka siemienia lnianego**
- **2 truskawki**
- **1 suszony daktyl**
- **1 suszona figa**
- **1 garść nasion słonecznika**
- **1 garść nasion dyni**
- **1 goździk**
- **ćwierć łyżeczki cynamonu**
- **ćwierć łyżeczki kurkumy**
- **szczypta soli**

(O) Do małego garnka wlej kubek gorącej wody, zagotuj

(Z) Dodaj 1 łyżkę opłukanej kaszy jaglanej, siemię lniane i cynamon

Wymieszaj, gotuj przez chwilę

(M) Dodaj goździk i płatki owsiane

Wymieszaj, gotuj przez chwilę

(W) Dodaj szczyptę soli

Wymieszaj, gotuj przez chwilę

(D) Dodaj 1 truskawkę pociętą w plasterki

Wymieszaj, gotuj przez chwilę

(O) Dodaj kurkumę i jeśli trzeba, trochę gorącej wody. Powinno jej być tyle, żeby przykrywała kaszę

Wymieszaj, gotuj przez chwilę

(Z) Dodaj daktyla i figę pokrojone w plasterki oraz nasiona dyni i słonecznika

Wymieszaj, gotuj jeszcze przez ok. 10–15 minut aż całość zgęstnieje i wchłonie wodę.

To jest pyszne!!!!

UWAGA! Używam tylko zwykłych płatków owsianych, takich gdzie płatki są grube i w całości.

Błyskawiczne płatki nie nadają się do gotowania.

Martwisz się, że to jest owsianka bez mleka? Spróbuj raz, a sam się przekonasz, że taka jest najlepsza!

TO JEST MOJE
ULUBIONE
ŚNIADANIE ☺

Śniadanie tropikalnego poranka

- **2 łyżki kaszy quinoa**
- **2 łyżki kaszy jaglanej**
- **pół banana**
- **3 orzechy brazylijskie**
- **1 plaster pomarańczy**
- **2 suszone figi**
- **ćwierć łyżeczki kurkumy**
- **szczypta imbiru**
- **szczypta dobrej, nierafinowanej soli**

(O) Do garnka wlej kubek gorącej wody, zagotuj

(O) Dodaj opłukaną kaszę quinoa

Wymieszaj, gotuj przez co najmniej minutę

(Z) Dodaj opłukaną kaszę jaglaną i banana pokrojonego w plasterki

Wymieszaj, gotuj przez co najmniej minutę

(M) Dodaj szczyptę imbiru

Wymieszaj, gotuj przez co najmniej minutę

(W) Dodaj szczyptę soli

Wymieszaj, gotuj przez co najmniej minutę

(D) Pomarańczę umyj i sparz wrzątkiem. Ukrój plaster ze skórką i dodaj do garnka

Wymieszaj, gotuj przez co najmniej minutę

(O) Dodaj kurkumę i jeśli potrzeba, gorącej wody. Powinno jej być tyle, żeby kasza była przykryta

Wymieszaj, gotuj pod przykryciem przez co najmniej minutę

(Z) Dodaj z grubsza posiekane orzechy i figi pokrojone w plasterki

Wymieszaj, gotuj na małym ogniu jeszcze ok. 10–15 minut – aż kasza zwiększy objętość i wchłonie wodę.

Śniadanie Czirokezów

Borówki amerykańskie pochodzą z Ameryki Północnej, a konkretnie z jej wschodniego wybrzeża. Na pewno jedli je Czirokezi, Krikowie, Indianie z plemienia Mohikanów, Czikasawów i wielu innych.

Uwielbiam takie proste dania.

Im niej składników, tym lepiej.

Gorąca, świeżo ugotowana kasza i chłodne, pełne witamin borówki.

Przepis znajdziesz na str. 28

Śniadanie dla zabieganych

To jest najprostsza jaglanka z dodatkiem garści pysznych bakalii.

Wsypujesz do garnka, mieszasz, stawiasz na kuchence i możesz dalej zajmować się swoimi zabieganymi sprawami. Jaglanka zrobi się sama.

Przepis znajdziesz na str. 36

Śniadanie dobrych duchów

W roli głównej w tym daniu występuje – obok kaszy jaglanej – pomarańczowa dynia, która kojarzy się z Halloween.

Dlatego nazwałam je śniadaniem dobrych duchów.

Smaczne, szybkie, najlepsze jesienią ☺

- **4 łyżki kaszy jaglanej**
- **mały kawałek dyni**
- **2 łyżki ciemnych rodzynek**
- **4 łyżki świeżo wyciśniętego soku z pomarańczy albo mandarynek**
- **plasterek świeżego imbiru**
- **ćwierć łyżeczki kurkumy**
- **szczypta soli**

(O) Do garnka wlej kubek gorącej wody, zagotuj

(Z) Dodaj opłukaną kaszę jaglaną i drobno pokrojoną dynię (bez skórki i pestek)

Wymieszaj, gotuj przez co najmniej minutę

(M) Plasterek imbiru obierz ze skórki, pokrój w paski, dodaj do garnka

Wymieszaj, gotuj przez co najmniej minutę

(W) Dodaj szczyptę dobrej, nierafinowanej soli

Wymieszaj, gotuj przez co najmniej minutę

(D) Dodaj sok pomarańczowy

Wymieszaj, gotuj przez co najmniej minutę

(O) Dodaj kurkumę i jeśli potrzeba, gorącej wody. Powinno jej być tyle, żeby kasza była przykryta

Wymieszaj, gotuj pod przykryciem przez co najmniej minutę

(Z) Dodaj rodzynki

Wymieszaj, gotuj na małym ogniu jeszcze ok. 10–15 minut – aż kasza spuchnie i wchłonie wodę.

Śniadanie hobbitów

Nie wiadomo dokładnie gdzie mieszkali Hobbici, ale podczas kręcenia serii filmów o ich przygodach na pewno mieszkali na Nowej Zelandii, gdzie do dzisiaj stoją ich domki. I wtedy na pewno jedli zielone owoce kiwi.

- **3 łyżki kaszy jaglanej**
- **2 łyżki płatków owsianych**
- **1 łyżka ciemnego siemienia lnianego**
- **2 plasterki kiwi**
- **2 suszone figi**
- **1 łyżka ciemnych rodzynek**
- **ćwierć łyżeczki cynamonu**
- **ćwierć łyżeczki kurkumy**
- **szczypta soli**

(O) Do garnka wlej ok. półtorej szklanki gorącej wody

Wymieszaj, gotuj przez co najmniej minutę

(Z) Dodaj opłukaną kaszę jaglaną, cynamon i siemię lniane

Wymieszaj, gotuj przez co najmniej minutę

(M) Dodaj płatki owsiane

Wymieszaj, gotuj przez co najmniej minutę

(W) Dodaj szczyptę dobrej, nierafinowanej soli

Wymieszaj, gotuj przez co najmniej minutę

(D) Dodaj 1 plasterek kiwi bez skórki oraz pomarańczę i wyciśnij z niej łyżką sok

Wymieszaj, gotuj przez co najmniej minutę

(O) Dodaj kurkumę i jeśli potrzeba, gorącej wody. Powinno jej być tyle, żeby kasza była przykryta.

Wymieszaj, gotuj pod przykryciem przez co najmniej minutę

(Z) Dodaj figi pokrojone w plasterki i rodzynki

Wymieszaj, gotuj na małym ogniu jeszcze ok. 10 minut – aż kasza zmięknie i wchłonie wodę.

Podawaj z plasterkiem kiwi.

Śniadanie Sezamkowe

- 3 łyżki kaszy jaglanej
- 2 łyżki płatków owsianych
- 1 łyżka ciemnego siemienia lnianego
- 1 łyżka świeżo wyciśniętego soku z pomarańczy
- 2 łyżki ciemnych rodzynek
- garść nasion słonecznika
- garść sezamu
- ćwierć łyżeczki cynamonu
- ćwierć łyżeczki kurkumy
- szczypta soli

(O) Do suchego garnka wsyp sezam i słonecznik, upraż je na niewielkim ogniu, często mieszając. Wystarczy kilka minut. Poczujesz, że sezam i słonecznik zaczynają intensywnie pachnieć i zabarwią się na złoto.

Przesyp je do miseczki i odstaw.

(O) Do tego samego rozgrzanego, suchego garnka wsyp kaszę jaglaną. Upraż ją tak samo jak sezam. To zajmuje nie więcej niż 3–4 minuty.

(O) Dolej około szklanki gorącej wody

Wymieszaj, gotuj przez co najmniej minutę

(Z) Dodaj cynamon i siemię lniane

Wymieszaj, gotuj przez co najmniej minutę

(M) Dodaj płatki owsiane

Wymieszaj, gotuj przez co najmniej minutę

(W) Dodaj szczyptę dobrej, nierafinowanej soli

Wymieszaj, gotuj przez co najmniej minutę

(D) Dodaj sok z pomarańczy

Wymieszaj, gotuj przez co najmniej minutę

(O) Dodaj kurkumę i jeśli potrzeba, gorącej wody. Powinno jej być tyle, żeby kasza była przykryta.

Wymieszaj, gotuj pod przykryciem przez co najmniej minutę

(Z) Dodaj rodzynki

Wymieszaj, gotuj na małym ogniu jeszcze ok. 10 minut – aż kasza zmięknie i wchłonie wodę.

Podawaj hojnie posypane prażonym sezamem i słonecznikiem.

KASZA JAGLANA I ZIELONY GROSZEK
TO PYSZNE POŁĄCZENIE,
KTÓRE DAJE SIŁĘ DO AKCJI!

Śniadanie Supermana

- 4 łyżki kaszy jaglanej
- 1 pomidorek koktajlowy
- 4 łyżki zielonego groszku
- ćwierć łyżeczki kurkumy
- 1 liść laurowy
- ćwierć łyżeczki majeranku
- pół łyżeczki suszonej kolendry
- szczypta soli

(O) Do garnka wlej około szklanki gorącej wody, zagotuj

(Z) Dodaj opłukaną kaszę

Wymieszaj, gotuj przez co najmniej minutę

(M) Dodaj liść laurowy, majeranek i kolendrę

Wymieszaj, gotuj przez co najmniej minutę

(W) Dodaj szczyptę dobrej, nierafinowanej soli

Wymieszaj, gotuj przez co najmniej minutę

(D) Dodaj pomidorka pokrojonego na ćwiartki

Wymieszaj, gotuj przez co najmniej minutę

(O) Dodaj kurkumę i jeśli potrzeba, gorącej wody. Powinno jej być tyle, żeby kasza była przykryta.

Wymieszaj, gotuj pod przykryciem przez co najmniej minutę

(Z) Dodaj zielony groszek

Wymieszaj, gotuj na małym ogniu jeszcze ok. 10 minut – aż kasza zmięknie i wchłonie wodę.

Jeśli lubisz, możesz przed podaniem posypać świeżymi ziołami, na przykład kolendrą.

Śniadanie wróżek

Jest takie dobre, że chce się po nim fruwać ☺

- **2 łyżki kaszy jaglanej**
- **2 łyżki płatków owsianych (najlepiej grube, nie błyskawiczne)**
- **1 łyżka siemienia lnianego**
- **1 suszona figa**
- **2 suszone daktyle**
- **2 cząstki pomarańczy**
- **pół łyżeczki cynamonu**
- **ćwierć łyżeczki kurkumy**
- **garść nasion słonecznika**
- **szczypta soli**

(O) Do garnka wlej kubek gorącej wody, zagotuj

(Z) Dodaj opłukaną kaszę jaglaną, cynamon i siemię lniane

Wymieszaj, gotuj przez co najmniej minutę

(M) Dodaj płatki owsiane

Wymieszaj, gotuj przez co najmniej minutę

(W) Dodaj szczyptę dobrej, nierafinowanej soli

Wymieszaj, gotuj przez co najmniej minutę

(D) Dodaj jedną cząstkę pomarańczy

Wymieszaj, gotuj przez co najmniej minutę

(O) Dodaj kurkumę i jeśli potrzeba, gorącej wody. Powinno jej być tyle, żeby kasza była przykryta

Wymieszaj, gotuj pod przykryciem przez co najmniej minutę

(Z) Dodaj figę i daktyle pokrojone w paseczki i słonecznik

Wymieszaj, gotuj na małym ogniu jeszcze ok. 10–15 minut – aż kasza spuchnie i wchłonie wodę.

Podawaj z drugą cząstką pomarańczy.

Ziołowe śniadanie z aligatorem

Awokado bywa nazywane „gruszką w skórze aligatora", bo ma kształt jak gruszka i skórę jak aligator.

Dobre, dojrzało awokado ma lekko uginającą się skórkę bez plam. W środku powinno być jasnożółte, przechodzące w zielony kolor przy skórce.

- **4 łyżki kaszy jaglanej**
- **1 łyżka nasion sezamu**
- **pół dojrzałego awokado**
- **kilka gałązek świeżej kolendry**
- **2 gałązki natki pietruszki**
- **szczypta dobrej, nierafinowanej soli**

Do garnka wlej kubek gorącej wody, zagotuj.

Dodaj opłukaną kaszę jaglaną, sezam i sól.

Wymieszaj, gotuj na średnim, a potem małym ogniu przez ok. 15 minut – aż kasza zwiększy objętość i wchłonie wodę.

Awokado przekrój wzdłuż na dwie połowy, łyżeczką nabierz miąższu tak jak się nabiera lody.

Połóż na kaszy razem z posiekaną kolendrą i natką.

NA DRUGIE ŚNIADANIE, LUNCH I OBIAD

Aromatyczna kasza z selerem i bazylią

Sekretem tego dania jest dobry seler.
Musi być świeży, pachnący, młody i piękny.

- **1 marchewka**
- **kawałek dobrego, świeżego selera**
- **5 łyżek kaszy jaglanej**
- **kilka gałązek naci pietruszki**
- **1 liść laurowy**
- **5 kulek ziela angielskiego**
- **5 kulek czarnego pieprzu**
- **1 łyżeczka oregano**
- **pół łyżeczki suszonej bazylii**
- **garść świeżej bazylii**

(O) Do garnka wlej ok. 2 szklanek gorącej wody, zagotuj

(Z) Dodaj marchewkę pokrojoną w słupki, seler starty na tarce na grubych oczkach i opłukaną kaszę jaglaną

Wymieszaj, gotuj przez kilka minut

(M) Dodaj liść laurowy, ziele angielskie, pieprz, oregano i suszoną bazylię

Wymieszaj, gotuj przez co najmniej minutę

(W) Dodaj szczyptę dobrej, nierafinowanej soli

Wymieszaj, gotuj przez co najmniej minutę

(D) Dodaj umytą i posiekaną nać pietruszki

Wymieszaj, gotuj przez co najmniej minutę

(O) Dodaj kurkumę i jeśli potrzeba, gorącej wody. Powinno jej być tyle, żeby przykrywała warzywa

Wymieszaj, gotuj na małym ogniu jeszcze ok. 10–15 minut – aż kasza wchłonie wodę i będzie miękka.

Podawaj ze świeżą bazylią.

Brukselka
z kaszą jaglaną

- **2 marchewki**
- **2 duże garści jak najmniejszych brukselek**
- **mały kawałek cukinii (ok. 7 cm)**
- **pół pomidora**
- **5 łyżek kaszy jaglanej**
- **kilka gałązek naci pietruszki**
- **2 liście laurowe**
- **pół łyżeczki cząbru**
- **pół łyżeczki suszonej bazylii**
- **ćwierć łyżeczki kurkumy**
- **garść świeżej kolendry**

(O) Do garnka wlej ok. 2 szklanek gorącej wody, zagotuj

(Z) Dodaj marchewkę pokrojoną w słupki i brukselki – umyte, bez zewnętrznych, zniszczonych listków

Wymieszaj, gotuj przez kilka minut

(M) Dodaj liście laurowe, cząber i bazylię

Wymieszaj, gotuj przez co najmniej minutę

(W) Dodaj szczyptę dobrej, nierafinowanej soli

Wymieszaj, gotuj przez co najmniej minutę

(D) Dodaj umytą i posiekaną nać pietruszki i drobno pokrojonego pomidora

Wymieszaj, gotuj przez co najmniej minutę

(O) Dodaj kurkumę i jeśli potrzeba, gorącej wody. Powinno jej być tyle, żeby przykrywała warzywa

Wymieszaj, gotuj przez co najmniej minutę

(Z) Dodaj opłukaną kaszę jaglaną oraz cukinię startą na tarce na grubych oczkach (razem ze skórką)

Wymieszaj, gotuj na małym ogniu jeszcze ok. 10–15 minut od czasu do czasu mieszając, aż kasza wchłonie wodę i będzie miękka.

Podawaj ze świeżą kolendrą.

Cukinie nadziewane kaszą jaglaną

- **2 okrągłe cukinie**
- **pęczek młodych warzyw (3 marchewki, pietruszka z natką, mały selerek i mały por)**
- **3 niewielkie ziemniaki**
- **4 łyżki kaszy jaglanej**
- **1 pomidor**
- **2 liście laurowe**
- **5 kulek ziela angielskiego**
- **5 kulek czarnego pieprzu**
- **1 łyżeczka majeranku**
- **pół łyżeczki suszonej bazylii**
- **ćwierć łyżeczki kurkumy**
- **kilka listków świeżej bazylii**

Cukinie umyj, odkrój wierzchołek.

Wydrąż miąższ, nie tylko ten z pestkami, ale też odrobinę głębiej, ale ostrożnie, żeby nie przebić skórki. Odłóż miąższ na bok.

W małym garnku zagotuj wodę z odrobiną soli, wstaw wydrążone cukinie i obgotuj przez kilka minut. Wyjmij z garnka, odsącz.

(O) Do drugiego garnka wlej ok. 2 szklanek gorącej wody, zagotuj

(Z) Dodaj marchewkę i pietruszkę dokładnie umyte i pokrojone w plasterki, seler i ziemniaki obrane i pokrojone w mniejsze kawałki

Wymieszaj, gotuj przez kilka minut

(M) Dodaj liście laurowe, ziele angielskie, pieprz, majeranek i suszoną bazylię

Wymieszaj, gotuj przez co najmniej minutę

(W) Dodaj szczyptę dobrej, nierafinowanej soli

Wymieszaj, gotuj przez co najmniej minutę

(D) Dodaj umytą i posiekaną nać pietruszki i drobno pokrojonego pomidora

Wymieszaj, gotuj przez co najmniej minutę

(O) Dodaj kurkumę i jeśli potrzeba, gorącej wody. Powinno jej być tyle, żeby przykrywała warzywa

Wymieszaj, gotuj przez co najmniej minutę.

(Z) Dodaj wydrążony miąższ z cukinii i opłukaną kaszę jaglaną.

Wymieszaj, gotuj na małym ogniu jeszcze ok. 10–15 minut, mieszając co pewien czas, aż kasza wchłonie wodę i będzie miękka.

Napełnij kaszą z warzywami wydrążone cukinie, podawaj ze świeżą bazylią.

Curry z ciecierzycy z kaszą jaglaną

Poprzedniego dnia wieczorem zalej ciecierzycę wodą w szklanej misce i zostaw do rana.

- **4 łyżki suszonej ciecierzycy**
- **garść zielonej fasolki szparagowej**
- **4 pomidorki koktajlowe**
- **2 liście laurowe**
- **pół łyżeczki kminu rzymskiego**
- **1 łyżeczka przyprawy curry albo 1 łyżka pasty z curry**
- **szczypta kurkumy**
- **2 szczypty dobrej, nierafinowanej soli**
- **4 łyżki kaszy jaglanej**

(O) Do garnka wlej ok. dwóch szklanek gorącej wody

Wymieszaj, gotuj przez chwilę

(Z) Fasolkę szparagową umyj, odetnij końcówki, przekrój na połowy, dodaj do garnka

Wymieszaj, gotuj przez chwilę

(M) Dodaj liście laurowe, kmin rzymski i przyprawę curry

Wymieszaj, gotuj przez chwilę

(W) Dodaj opłukaną, odsączoną ciecierzycę i szczyptę soli

Wymieszaj, gotuj przez chwilę

(D) Dodaj pomidorki pokrojone na ćwiartki

Wymieszaj, gotuj przez chwilę

(O) Dodaj kurkumę i jeśli potrzeba, gorącej wody. Powinno jej być tyle, żeby przykrywała ciecierzycę

Wymieszaj, gotuj na małym ogniu jeszcze ok. 15 minut, od czasu do czasu mieszając.

Do drugiego małego garnka nalej 1 kubek gorącej wody, dodaj szczyptę soli, zagotuj. Dodaj opłukaną kaszę jaglaną, zamieszaj, gotuj bez przykrycia przez ok. 10 minut, aż kasza wchłonie wodę, potem przykryj, zmniejsz ogień do minimum i gotuj jeszcze przez kilka minut, żeby kasza spęczniała i stała się pulchna.

Na niewielkim półmisku postaw miseczkę z gorącym curry z ciecierzycy, po obu stronach umieść pagórki kaszy jaglanej i spróbuj jak pysznie pasuje do siebie łagodna kasza z pikantnym curry.

Dwie kasze
z brokułami i orzechami

- **pół brokułu**
- **3 łyżki kaszy quinoa**
- **2 łyżki kaszy jaglanej**
- **kilka gałązek naci pietruszki**
- **pół niewielkiego pomidora**
- **garść łuskanych orzechów włoskich**
- **kawałek czerwonej papryki (do dekoracji)**
- **2 liście laurowe**
- **kilka kulek ziela angielskiego**
- **pół łyżeczki czarnego pieprzu**
- **pół łyżeczki suszonej kolendry**
- **szczypta dobrej, nierafinowanej soli**

(O) Do garnka wlej ok. 2 szklanek gorącej wody, zagotuj. Dodaj kaszę quinoa

Wymieszaj, gotuj przez kilka minut

(Z) Dodaj opłukaną kaszę jaglaną

Wymieszaj, gotuj przez kilka minut

(M) Dodaj liście laurowe, ziele angielskie, pieprz i kolendrę

Wymieszaj, gotuj przez co najmniej minutę

(W) Dodaj szczyptę soli

Wymieszaj, gotuj przez co najmniej minutę

(D) Dodaj umytą i posiekaną nać pietruszki i drobno pokrojonego pomidora

Wymieszaj, gotuj przez co najmniej minutę

(O) Dodaj kurkumę i jeśli potrzeba, gorącej wody.
Powinno jej być tyle, żeby przykrywała kaszę

Wymieszaj, gotuj przez co najmniej minutę

(Z) Dodaj brokuły pokrojone na niewielkie kawałki

Wymieszaj, gotuj na małym ogniu jeszcze ok. 10–15 minut – aż kasza wchłonie wodę i będzie miękka. Pod koniec gotowania dodaj orzechy włoskie, wymieszaj.

Podawaj z paskami czerwonej papryki.

Gryczana jaglanka z pomidorami i orzechami nerkowca

- 4 łyżki kaszy jaglanej
- 4 łyżki palonej kaszy gryczanej
- 1 pomidor
- kawałek brokułu
- kilka gałązek naci pietruszki
- 3 liście laurowe
- 5 kulek ziela angielskiego
- 5 kulek czarnego pieprzu
- 1 łyżeczka suszonego majeranku
- pół łyżeczki suszonych liści kolendry
- garść orzechów nerkowca
- świeży majeranek

(O) Do garnka wlej ok. 2 szklanek gorącej wody, zagotuj. Dodaj kaszę gryczaną

Wymieszaj, gotuj przez chwilę

(Z) Dodaj opłukaną kaszę jaglaną, brokuł podzielony na mniejsze cząstki

Wymieszaj, gotuj przez chwilę

(M) Dodaj liść laurowy, ziele angielskie, pieprz, suszony majeranek i kolendrę

Wymieszaj, gotuj przez chwilę

(W) Dodaj szczyptę dobrej, nierafinowanej soli

Wymieszaj, gotuj przez chwilę

(D) Dodaj umytą i posiekaną nać pietruszki i dość drobno pokrojonego pomidora

Wymieszaj, gotuj przez chwilę

(O) Dodaj kurkumę i jeśli potrzeba, gorącej wody. Powinno jej być tyle, żeby przykrywała warzywa

Wymieszaj, gotuj przez ok. 10 minut

(Z) Dodaj orzechy nerkowca

Wymieszaj, gotuj na małym ogniu jeszcze ok. 10 minut – aż kasza wchłonie wodę.

Podawaj ze świeżym majerankiem.

Gulasz czerwcowy z rozmarynem

- **pół bakłażana**
- **garść zielonego groszku**
- **garść zielonych fasolek szparagowych**
- **1 marchewka**
- **6 łyżek kaszy jaglanej**
- **kilka gałązek naci pietruszki**
- **1 liść laurowy**
- **pół łyżeczki rozmarynu**
- **pół łyżeczki czarnego pieprzu**
- **pół łyżeczki suszonej bazylii**
- **ćwierć łyżeczki kurkumy**
- **garść świeżej kolendry**
- **szczypta dobrej, nierafinowanej soli**

(O) Do garnka wlej ok. 2 szklanek gorącej wody, zagotuj

(Z) Dodaj marchewkę pokrojoną w słupki. Fasolkę szparagową umyj odetnij końcówki, dodaj do garnka.

Wymieszaj, gotuj przez chwilę

(M) Dodaj liść laurowy, pieprz, rozmaryn i bazylię

Wymieszaj, gotuj przez chwilę

(W) Dodaj sól

Wymieszaj, gotuj przez chwilę

(D) Dodaj umytą i posiekaną nać pietruszki

Wymieszaj, gotuj przez chwilę

(O) Dodaj kurkumę i jeśli potrzeba, gorącej wody. Powinno jej być tyle, żeby przykrywała warzywa

Wymieszaj, gotuj przez chwilę

(Z) Bakłażana umyj, pokrój wzdłuż na plastry, a potem na dość cienkie nitki, dodaj do garnka. Dodaj opłukaną kaszę jaglaną i zielony groszek

Wymieszaj, gotuj na małym ogniu jeszcze ok. 15–20 minut – aż kasza wchłonie wodę i będzie miękka.

Podawaj ze świeżą kolendrą.

Gulasz z ciecierzycą i pomidorami

Poprzedniego dnia wieczorem zalej ciecierzycę wodą w szklanej misce i zostaw do rana.

- **1 marchewka**
- **5 łyżek suszonej ciecierzycy**
- **1 pomidor**
- **5 kawałków suszonych pomidorów**
- **garść liści jarmużu porwanych na małe kawałki**
- **kawałek brokułu**
- **4 łyżki kaszy jaglanej**
- **1 łyżeczka majeranku**
- **3 liście laurowe**
- **pół łyżeczki suszonej kolendry**
- **pół łyżeczki czarnego pieprzu**
- **szczypta kurkumy**
- **szczypta soli**

(O) Do garnka wlej ok. dwóch szklanek gorącej wody

Wymieszaj, gotuj przez co najmniej minutę

(Z) Dodaj marchewkę pokrojoną w słupki

Wymieszaj, gotuj przez co najmniej minutę

(M) Dodaj liście laurowe, kolendrę, majeranek i pieprz

Wymieszaj, gotuj przez co najmniej minutę

(W) Dodaj opłukaną, odsączoną ciecierzycę i szczyptę dobrej, nierafinowanej soli

Wymieszaj, gotuj przez co najmniej minutę

(D) Dodaj dość drobno pokrojonego pomidora i suszone pomidory

Wymieszaj, gotuj przez co najmniej minutę

(O) Dodaj kurkumę i jeśli potrzeba, gorącej wody. Powinno jej być tyle, żeby zmieściła się kasza i brokuły

Wymieszaj, gotuj pod przykryciem przez co najmniej minutę

(Z) Dodaj opłukaną kaszę jaglaną, brokuły pokrojone na dość małe kawałki i jarmuż

Wymieszaj, gotuj na małym ogniu jeszcze ok. 15 minut.

Podawaj ze świeżą natką pietruszki.

Gulasz z soczewicy z kaszą jaglaną

Pyszne połączenie!

- **2 marchewki**
- **5 łyżek zielonego groszku**
- **4 łyżki czerwonej soczewicy**
- **4 łyżki kaszy jaglanej**
- **kilka gałązek naci pietruszki**
- **pół niewielkiego pomidora**
- **2 liście laurowe**
- **pół łyżeczki suszonej kolendry**
- **pół łyżeczki kminu rzymskiego**
- **2 szczypty dobrej, nierafinowanej soli**

(O) Do garnka wlej ok. półtorej szklanki gorącej wody, zagotuj

Wymieszaj, gotuj przez kilka minut

(Z) Marchewki umyj, obierz, pokrój w słupki, dodaj do wody.

Wymieszaj, gotuj przez kilka minut

(M) Dodaj liście laurowe, kolendrę i kmin rzymski

Wymieszaj, gotuj przez co najmniej minutę

(W) Dodaj szczyptę soli i soczewicę

Wymieszaj, gotuj przez co najmniej minutę

(D) Dodaj umytą i posiekaną nać pietruszki i drobno pokrojonego pomidora

Wymieszaj, gotuj przez co najmniej minutę

(O) Dodaj kurkumę i jeśli potrzeba, gorącej wody. Powinno jej być tyle, żeby przykrywała soczewicę

Wymieszaj, gotuj przez co najmniej minutę

(Z) Dodaj zielony groszek

Wymieszaj, gotuj na małym ogniu jeszcze ok. 10–15 minut – aż soczewica spuchnie i wchłonie wodę.

W drugim małym garnku zagotuj ok. szklanki wody, dodaj opłukaną kaszę jaglaną i szczyptę soli. Gotuj na niedużym ogniu aż kasza wchłonie wodę.

Gulasz z soczewicy powinien być gotowy w tym samym momencie, kiedy ugotuje się kasza. Podawaj obok siebie i jedz póki gorące.

Jaglane thali

Thali to specjalność indyjska. Jest to raczej sposób podania niż konkretny przepis. To oznacza, że każde thali będzie miało inne składniki i będzie trochę inaczej smakowało, ale jedno jest pewne: będą to niewielkie porcje różnych potraw umieszczone w małych miseczkach na większej tacy albo w specjalnym talerzu z dołkami.

Tak właśnie przygotowałam to danie.

- **4 łyżki kaszy jaglanej**
- **kawałek brokułu**
- **świeża rukola**
- **młoda kiszona kapusta**
- **młoda, cienka marchewka**
- **kilka pomidorków koktajlowych**

Kaszę ugotuj w wodzie z odrobiną soli.

Brokuł podziel na małe kawałki, włóż do wrzątku i gotuj przez 5 minut. Odcedź.

Marchewkę, rukolę i pomidory dokładnie umyj.

Umieść każdy składnik osobno w małych miseczkach ustawionych na większym talerzu albo tacy.

Jedz póki kasza i brokuły są jeszcze ciepłe, wtedy smakują najlepiej.

Kasza cukiniowa z gulaszem z soczewicy

- **1 mała cukinia**
- **1 marchewka**
- **pół brokułu**
- **4 łyżki czerwonej soczewicy**
- **4 łyżki kaszy jaglanej**
- **kilka gałązek naci pietruszki**
- **pół pomidora**
- **2 liście laurowe**
- **pół łyżeczki kminu rzymskiego**
- **pół łyżeczki czarnego pieprzu**
- **pół łyżeczki majeranku**
- **ćwierć łyżeczki kurkumy**
- **garść świeżej kolendry**
- **2 szczypty dobrej, nierafinowanej soli**

(O) Do garnka wlej ok. półtora kubka gorącej wody, zagotuj

(Z) Dodaj marchewkę pokrojoną w słupki i brokuł pokrojony na małe kawałki

Wymieszaj, gotuj przez chwilę

(M) Dodaj liście laurowe, pieprz, kmin rzymski i majeranek

Wymieszaj, gotuj przez chwilę

(W) Dodaj sól i soczewicę

Wymieszaj, gotuj przez chwilę

(D) Dodaj posiekaną nać pietruszki i drobno pokrojonego pomidora

Wymieszaj, gotuj przez chwilę

(O) Dodaj kurkumę i jeśli potrzeba, gorącej wody. Powinno jej być tyle, żeby przykrywała warzywa

Wymieszaj, gotuj przez chwilę

(Z) Cukinię umyj i razem ze skórką zetrzyj dłuższym bokiem na nitki. Najlepiej zrobić to na tarce typu julienne. Ścieraj z jednej strony tak długo, aż dotrzesz do miękkiego miąższu, wtedy obróć cukinię i ścieraj dalej z drugiej strony. Sam środek cukinii – ten miękki i gąbczasty z nasionami – wyrzuć.

Dodaj do garnka 2/3 nitek z cukinii.

Wymieszaj, gotuj na małym ogniu jeszcze ok. 15–20 minut – aż soczewica spęcznieje i wchłonie wodę.

Do drugiego małego garnka wlej kubek gorącej wody, dodaj szczyptę soli i opłukaną kaszę jaglaną.

Gotuj przez 5 minut na średnim ogniu.

Dodaj pozostałą 1/3 nitek cukinii.

Zamieszaj i gotuj jeszcze przez 10–15 minut, aż kasza spęcznieje i wchłonie wodę.

Na niewielkim półmisku ustaw miseczkę. Nałóż do niej cukiniową kaszę jaglaną.

Po obu stronach miseczki ułóż porcję gulaszu z soczewicą.

I jedz ze smakiem póki gorące.

Kasza jaglana
na grzankach z bakłażana

- **pół bakłażanu**
- **6 łyżek kaszy jaglanej**
- **2 łyżki tartej marchewki**
- **3 liście laurowe**
- **kilka gałązek naci pietruszki**
- **ćwierć łyżeczki lubczyku**
- **ćwierć łyżeczki kurkumy**
- **szczypta soli**

(O) Do suchego garnka wsyp kaszę jaglaną. Praż ją na niewielkim ogniu przez kilka minut, często mieszając aż kasza zacznie intensywnie pachnieć

Do garnka wlej około 2 szklanek gorącej wody

Wymieszaj, gotuj przez co najmniej minutę

(Z) Dodaj wiórki marchewki i 2 plasterki bakłażana pokrojone na małe kawałki

Wymieszaj, gotuj przez co najmniej minutę

(M) Dodaj liście laurowe i lubczyk

Wymieszaj, gotuj przez co najmniej minutę

(W) Dodaj szczyptę dobrej, nierafinowanej soli

Wymieszaj, gotuj przez co najmniej minutę

(D) Dodaj drobno posiekaną nać pietruszki

Wymieszaj, gotuj przez co najmniej minutę

(O) Dodaj kurkumę i jeśli potrzeba, gorącej wody.
Powinno jej być tyle, żeby kasza była przykryta

Wymieszaj, gotuj na małym ogniu jeszcze ok. 15 minut – aż kasza zmięknie i wchłonie wodę.

Pozostały bakłażan pokrój na cienkie plastry i upiecz je na suchej patelni. Najlepiej robić to na takiej patelni, która pozwala smażyć bez tłuszczu. Opiekany bakłażan jest kruchy i pyszny.

Ułóż pieczone krążki bakłażanu na talerzykach, dodaj porcję bakłażanowej kaszy jaglanej. Jeśli lubisz, posyp ulubionymi ziołami.

Kasza jaglana z brokułami i cukinią

- **7 łyżek kaszy jaglanej**
- **2 ziemniaki**
- **1 marchewka**
- **pół brokułu**
- **pół cukinii**
- **pół pomidora**
- **kilka gałązek naci pietruszki**
- **3 liście laurowe**
- **pół łyżeczki estragonu**
- **pół łyżeczki suszonej bazylii**
- **ćwierć łyżeczki kurkumy**
- **szczypta soli**
- **świeża kolendra**

(O) Do garnka wlej ok. dwóch szklanek gorącej wody

Wymieszaj, gotuj przez co najmniej minutę

(Z) Dodaj opłukaną kaszę jaglaną, marchewkę pokrojoną w słupki, ziemniaki pokrojone w kostkę, brokuł podzielony na mniejsze kawałki

Wymieszaj, gotuj przez co najmniej minutę

(M) Dodaj liście laurowe, bazylię i estragon

Wymieszaj, gotuj przez co najmniej minutę

(W) Dodaj szczyptę dobrej, nierafinowanej soli

Wymieszaj, gotuj przez co najmniej minutę

(D) Dodaj drobno pokrojonego pomidora i posiekaną nać pietruszki

Wymieszaj, gotuj przez co najmniej minutę

(O) Dodaj kurkumę i jeśli potrzeba, gorącej wody. Powinno jej być tyle, żeby przykrywała warzywa

Wymieszaj, gotuj pod przykryciem przez co najmniej minutę

(Z) Dodaj cukinię pokrojoną ze skórką w plastry, a plastry na ćwiartki

Wymieszaj, gotuj na małym ogniu jeszcze ok. 15–20 minut – aż kasza spuchnie i wchłonie wodę.

Podawaj ze świeżą kolendrą

BeataPawlikowska

Kasza jaglana
z brukselką i bazylią

- dwie garści najmniejszych brukselek
- 6 łyżek kaszy jaglanej
- 1 mała marchewka
- kilka gałązek naci pietruszki
- pół małego malinowego pomidora
- 1 liść laurowy
- ćwierć łyżeczki mielonej kolendry
- ćwierć łyżeczki kurkumy
- kilka listków świeżej bazylii

Przygotuj kaszę jaglaną tak jak w przepisie na stronie 20.

W drugim garnku zagotuj wodę.

Brukselkę umyj, obierz z zewnętrznych listków, podetnij końcówkę.

Wrzuć do wody i ugotuj do miękkości (ok. 15 minut).

Podawaj z kaszą jaglaną i listkiem świeżej bazylii.

Kasza jaglana
z fasolką i lubczykiem

- 7 łyżek kaszy jaglanej
- 1 marchewka
- trzy garści zielonej fasolki
- 3 liście laurowe
- 10 kulek pieprzu
- 3 kulki ziela angielskiego
- pół pęczka naci pietruszki
- ćwierć łyżeczki lubczyku
- pół łyżeczki suszonej bazylii
- ćwierć łyżeczki kurkumy
- szczypta soli

To danie ugotowałam jednocześnie w dwóch małych garnkach.

PIERWSZY GARNEK:

(O) Do garnka wlej około 2 szklanek gorącej wody

Wymieszaj, gotuj przez co najmniej minutę

(Z) Dodaj marchewkę startą na wiórki i 4 fasolki pokrojone na mniejsze kawałki

Wymieszaj, gotuj przez co najmniej minutę

(M) Dodaj lubczyk, połowę pieprzu i jeden liść laurowy

Wymieszaj, gotuj przez co najmniej minutę

(W) Dodaj szczyptę dobrej, nierafinowanej soli

Wymieszaj, gotuj przez co najmniej minutę

(D) Dodaj połowę drobno posiekanej naci pietruszki

Wymieszaj, gotuj przez co najmniej minutę

(O) Dodaj kurkumę i jeśli potrzeba, gorącej wody. Powinno jej być tyle, żeby kasza była przykryta.

Wymieszaj, gotuj pod przykryciem przez co najmniej minutę

(Z) Dodaj opłukaną kaszę

Wymieszaj, gotuj na małym ogniu jeszcze ok. 15 minut – aż kasza zmięknie i wchłonie wodę.

DRUGI GARNEK:

(O) Do garnka wlej około 2 szklanek gorącej wody

Wymieszaj, gotuj przez co najmniej minutę

(Z) Dodaj pozostałe fasolki pokrojone na mniejsze kawałki

Wymieszaj, gotuj przez co najmniej minutę

(M) Dodaj dwa liście laurowe, pozostały pieprz i bazylię

Wymieszaj, gotuj przez co najmniej minutę

(W) Dodaj szczyptę dobrej, nierafinowanej soli

Wymieszaj, gotuj przez co najmniej minutę

(D) Dodaj drugą część drobno posiekanej naci pietruszki

Wymieszaj, gotuj przez co najmniej minutę

(O) Dodaj kurkumę i jeśli potrzeba, gorącej wody.
Powinno jej być tyle, żeby fasolka była przykryta.

Wymieszaj, gotuj na małym ogniu jeszcze ok. 15 minut – aż fasolka będzie miękka.
Kasza i fasolka powinny być gotowe w tym samym czasie.

Odlej z fasolki nadmiar wody i podawaj je razem.

Kasza jaglana z groszkiem i prażonym sezamem

- **6 łyżek kaszy jaglanej**
- **1 mała marchewka**
- **dwie garści zielonego groszku**
- **garść nasion słonecznika**
- **garść sezamu**
- **2 liście laurowe**
- **5 kulek pieprzu**
- **pół pomidora**
- **ćwierć łyżeczki estragonu**
- **ćwierć łyżeczki kurkumy**
- **garść świeżej kolendry**
- **szczypta soli**

(O) Do suchego garnka wsyp sezam i słonecznik, praż je na niewielkim ogniu przez kilka minut, często mieszając. Sezam i słonecznik zaczną intensywnie pachnieć i zabarwią się na złoto.

Przesyp je do miseczki i odstaw.

(O) Do tego samego rozgrzanego, suchego garnka wsyp kaszę jaglaną. Upraż ją tak samo jak sezam.

(O) Dolej około 2 szklanek gorącej wody

Wymieszaj, gotuj przez co najmniej minutę

(Z) Dodaj marchewkę startą na wiórki

Wymieszaj, gotuj przez co najmniej minutę

(M) Dodaj estragon, pieprz i liście laurowe

Wymieszaj, gotuj przez co najmniej minutę

(W) Dodaj szczyptę dobrej, nierafinowanej soli

Wymieszaj, gotuj przez co najmniej minutę

(D) Dodaj drobno posiekanego pomidora

Wymieszaj, gotuj przez co najmniej minutę

(O) Dodaj kurkumę i jeśli potrzeba, gorącej wody.
Powinno jej być tyle, żeby kasza była przykryta.

Wymieszaj, gotuj pod przykryciem przez co najmniej minutę

(Z) Dodaj zielony groszek

Wymieszaj, gotuj pod przykryciem przez co najmniej minutę

(M) Dodaj posiekaną kolendrę

Wymieszaj, gotuj na małym ogniu jeszcze ok. 10 minut –
aż kasza zmięknie i wchłonie wodę.

Przed podaniem posyp wcześniej uprażonym sezamem i słonecznikiem.

Kasza jaglana z gulaszem z bakłażanu

- **8 łyżek kaszy jaglanej**
- **1 marchewka**
- **pół bakłażanu**
- **dwie garści zielonej fasolki**
- **dwie garści zielonego groszku**
- **4 liście laurowe**
- **10 kulek pieprzu**
- **3 kulki ziela angielskiego**
- **pół pęczka naci pietruszki**
- **ćwierć łyżeczki lubczyku**
- **ćwierć łyżeczki cząbru**
- **pół łyżeczki suszonej kolendry**
- **ćwierć łyżeczki kurkumy**
- **szczypta soli**
- **świeża kolendra**

To danie ugotowałam jednocześnie w dwóch garnkach.

PIERWSZY GARNEK:

(O) Do garnka wlej około 2 szklanek gorącej wody

Wymieszaj, gotuj przez co najmniej minutę

(Z) Z marchewki zetrzyj 1 łyżkę wiórków, odłóż na bok. Pozostałą marchewkę pokrój na słupki, dodaj do garnka. Dodaj też bakłażana pokrojonego w cienkie paski i fasolkę pokrojoną na mniejsze kawałki

Wymieszaj, gotuj przez co najmniej minutę

(M) Dodaj lubczyk, kolendrę, ziele angielskie, połowę pieprzu i trzy liście laurowe

Wymieszaj, gotuj przez co najmniej minutę

(W) Dodaj szczyptę dobrej, nierafinowanej soli

Wymieszaj, gotuj przez co najmniej minutę

(D) Dodaj połowę drobno posiekanej naci pietruszki

Wymieszaj, gotuj przez co najmniej minutę

(O) Dodaj kurkumę i jeśli potrzeba, gorącej wody. Powinno jej być tyle, żeby warzywa były przykryte

Wymieszaj, gotuj pod przykryciem przez co najmniej minutę

(Z) Dodaj zielony groszek

Wymieszaj, gotuj na małym ogniu jeszcze ok. 15 minut – aż warzywa będą miękkie i odparuje nadmiar wody.

DRUGI GARNEK:

(O) Do suchego garnka wsyp kaszę jaglaną. Praż ją na niewielkim ogniu przez kilka minut, często mieszając. Kasza zacznie podskakiwać i bardziej intensywnie pachnieć

Do garnka wlej około 2 szklanek gorącej wody

Wymieszaj, gotuj przez co najmniej minutę

(Z) Dodaj wiórki marchewki

Wymieszaj, gotuj przez co najmniej minutę

(M) Dodaj połowę pieprzu, jeden liść laurowy i cząber

Wymieszaj, gotuj przez co najmniej minutę

(W) Dodaj szczyptę dobrej, nierafinowanej soli

Wymieszaj, gotuj przez co najmniej minutę

(D) Dodaj połowę drobno posiekanej naci pietruszki

Wymieszaj, gotuj przez co najmniej minutę

(O) Dodaj kurkumę i jeśli potrzeba, gorącej wody. Powinno jej być tyle, żeby kasza była przykryta

Wymieszaj, gotuj na małym ogniu jeszcze ok. 15 minut – aż kasza zmięknie i wchłonie wodę.

Gulasz i kasza powinny być gotowe w tym samym momencie i świetnie smakują razem, szczególnie z kilkoma listkami świeżej kolendry.

Kasza jaglana z jarmużem, kalafiorem i świeżym majerankiem

- **5 łyżek kaszy jaglanej**
- **ćwierć kalafiora**
- **2 liście jarmużu**
- **kilka gałązek świeżego majeranku**

Do niewielkiego garnka wlej kubek gorącej wody, dodaj szczyptę dobrej, nierafinowanej soli.

Wsyp opłukaną kaszę jaglaną.

Gotuj bez przykrycia aż kasza zmięknie i wchłonie wodę.

Przykryj i trzymaj jeszcze kilka minut na gorącej kuchni.

Jednocześnie w parowarze ułóż kalafiora podzielonego na cząstki i kawałki liści jarmużu i nastaw na 10 minut.

Zamiast parowara możesz użyć zwykłego garnka i ugotować kalafior z jarmużem w niewielkiej ilości gorącej wody.

Podawaj z listkami świeżego majeranku.

Kasza jaglana
z kalafiorem romanesco

Kasza jaglana cudownie przywraca wewnętrzną równowagę, dodaje siły i syci nie tylko ciało, ale i duszę.

- **5 łyżek kaszy jaglanej**
- **niewielki kawałek kalafiora romanesco**

Do niewielkiego garnka wlej kubek gorącej wody, dodaj szczyptę dobrej, nierafinowanej soli.

Wsyp opłukaną kaszę jaglaną.

Gotuj bez przykrycia na średnim ogniu (na 5 na kuchence elektrycznej) przez ok. 10 minut, aż kasza zmięknie i wchłonie wodę.

Zmniejsz płomień (do 1 na kuchence elektrycznej) i gotuj jeszcze chwilę pod przykrywką.

Jednocześnie w parowarze ułóż kalafiora podzielonego na cząstki i nastaw na 10 minut.

Zamiast parowara możesz użyć zwykłego garnka i ugotować kalafiora w wodzie.

Pyszne, lekkie i sycące!

Kasza jaglana
z marchewką i kolendrą

- **6 łyżek kaszy jaglanej**
- **1 mała marchewka**
- **kilka gałązek naci pietruszki**
- **pół małego malinowego pomidora**
- **1 liść laurowy**
- **ćwierć łyżeczki mielonej kolendry**
- **ćwierć łyżeczki kurkumy**

Kaszę jaglaną upraż na suchej patelni. Wystarczy 10 minut, pamiętaj tylko o tym, żeby ją często poruszać i mieszać.

(O) Przesyp uprażoną kaszę do garnka, zalej gorącą wodą

Wymieszaj, gotuj przez co najmniej minutę

(Z) Dodaj marchewkę startą na wiórki

Wymieszaj, gotuj przez co najmniej minutę

(M) Dodaj liść laurowy i kolendrę

Wymieszaj, gotuj przez co najmniej minutę

(W) Dodaj szczyptę dobrej, nierafinowanej soli i trochę zimnej wody

Wymieszaj, gotuj przez co najmniej minutę

(D) Dodaj umytą i posiekaną nać pietruszki oraz drobno pokrojonego pomidora

Wymieszaj, gotuj przez co najmniej minutę

(O) Dodaj kurkumę i jeśli potrzeba, gorącej wody. Kasza powinna być wilgotna

Wymieszaj, gotuj na małym ogniu jeszcze ok. 5–10 minut – aż kasza wchłonie wodę i będzie miękka.

Taką kaszę możesz zjeść na śniadanie albo obiad, świetnie też pasuje do różnych dodatków – gulaszu, curry albo gotowanych warzyw.

Kasza jaglana z papryką i nasionami dyni

- **5 łyżek kaszy jaglanej**
- **pół czerwonej papryki**
- **kilka gałązek naci pietruszki**
- **1 liść laurowy**
- **pół łyżeczki suszonej bazylii**
- **ćwierć łyżeczki kurkumy**
- **świeża kolendra**

(O) Do garnka wlej gorącą wodę

Wymieszaj, gotuj przez co najmniej minutę

(Z) Dodaj opłukaną kaszę jaglaną i paprykę startą na wiórki

Wymieszaj, gotuj przez co najmniej minutę

(M) Dodaj liść laurowy i bazylię

Wymieszaj, gotuj przez co najmniej minutę

(W) Dodaj szczyptę dobrej, nierafinowanej soli

Wymieszaj, gotuj przez co najmniej minutę

(D) Dodaj umytą i posiekaną nać pietruszki

Wymieszaj, gotuj przez co najmniej minutę

(O) Dodaj kurkumę i jeśli potrzeba, gorącej wody. Kasza powinna być wilgotna

Wymieszaj, gotuj przez co najmniej minutę

(Z) Dodaj nasiona dyni

Wymieszaj, gotuj na małym ogniu jeszcze ok. 10 minut – aż kasza wchłonie wodę i będzie miękka.

Podawaj posypane świeżą kolendrą.

Kasza w kubku z cukinii

Im mniej przypraw, tym bardziej naturalne i przyjazne dla twojego żołądka jest jedzenie.

To jest proste i lekkie danie pełne błonnika i witamin, które na pewno zaspokoi głód.

- **4 okrągłe cukinie**
- **4 łyżki kaszy jaglanej**
- **dwie garści zielonej fasolki szparagowej**
- **miska zielonej sałaty**
- **2 szczypty dobrej, nierafinowanej soli**

Fasolkę szparagową umyj, odetnij końcówki.

Cukinie umyj, odetnij czubki, wydrąż miękki środek.

Do garnka wlej ok. dwóch szklanek gorącej wody, zagotuj.

Dodaj fasolkę, gotuj przez ok. 10 minut.

Dodaj cukinie, gotuj jeszcze (razem z fasolką) przez ok. 7 minut.

Wyjmij z wody.

Do drugiego małego garnka wlej ok. 1 kubka gorącej wody, zagotuj, dodaj opłukaną kaszę jaglaną i szczyptę soli. Gotuj na niedużym ogniu aż kasza wchłonie wodę.

Ustaw cukinię pośrodku talerza, napełnij ją kaszą jaglaną.

Obok ułóż garść fasolki szparagowej i garść zielonej sałaty.

Możesz dodać ulubiony sos.

Przepisy na sosy do sałaty znajdziesz w rozdziale *Sosy, dipy i pasty do kanapek* str. 232–263.

Kasza z dzikim ryżem i brokułami

Dziki ryż w rzeczywistości wcale nie jest ryżem, tylko trawą.

I nie jest dziki, bo był zbierany, szanowany i jedzony przez Indian plemion Ameryki Północnej, skąd pochodzi.

Indianie z plemienia Dakotów, Ojibwa, Omaha i innych dodawali dzikiego ryżu do rosołu z jelenia albo do syropu klonowego, żeby zrobić deser.

Dziki ryż ma podłużne, cienkie, czarne ziarna, które po ugotowaniu pozostają chrupkie i mają charakterystyczny, lekko orzechowy smak.

Znakomicie uzupełniają i ożywiają miękką, łagodną kaszę jaglaną.

- **3 łyżki kaszy jaglanej**
- **3 łyżki dzikiego ryżu**
- **pół brokułu**
- **świeży tymianek**
- **2 szczypty soli**

Do jednego garnka wlej ok. półtora kubka gorącej wody, zagotuj. Dodaj opłukaną kaszę i ryż, posól i gotuj na średnim ogniu, od czasu do czasu mieszając. Gotuj tak długo, aż woda odparuje, a kasza i ryż spęcznieją (ok. 15–20 minut).

W drugim garnku zagotuj kubek wody, dodaj szczyptę soli, zagotuj. Dodaj brokuł pokrojony na małe kawałki. Gotuj ok. 10 minut. Odcedź od razu po ugotowaniu, żeby brokuł pozostał chrupki i ładnie zielony.

Na talerzu usyp pagórek z kaszy z ryżem, obok ułóż kawałki brokułu. Udekoruj gałązką tymianku.

Kasza z fasolką i ogórkiem

Takie dania lubię najbardziej!

Proste, minimalistyczne, najlepiej karmią twoje ciało.

Zanim powiesz, że to zbyt proste i dla ciebie zbyt ubogie, spróbuj.

Jestem pewna, że się zachwycisz.

- **4 łyżki kaszy jaglanej**
- **dwie garści zielonej fasolki szparagowej**
- **4 dobre, twarde ogórki małosolne**
- **2 szczypty dobrej, nierafinowanej soli**

Do małego garnka wlej ok. 1 kubka gorącej wody, zagotuj, dodaj opłukaną kaszę jaglaną i szczyptę soli. Gotuj na niedużym ogniu aż kasza wchłonie wodę.

Do drugiego garnka wlej ok. 2 kubków gorącej wody, dodaj sól i zagotuj. Dodaj umytą fasolkę z odciętymi końcówkami. Gotuj do miękkości (ok. 10–15 minut).

Na talerzu umieść miseczkę z kaszą, połóż obok fasolkę i ogórek.

Jeśli lubisz, możesz całość posypać prażonym sezamem.

Kasza z fasolką szparagową

- 4 łyżki kaszy jaglanej
- 2 marchewki
- 1 mały por
- dwie garści zielonej fasolki szparagowej
- kilka gałązek naci pietruszki
- pół niewielkiego pomidora
- 2 liście laurowe
- 1 łyżeczka suszonego majeranku
- pół łyżeczki kurkumy
- kilka listków świeżego estragonu albo pół łyżeczki suszonego
- 2 szczypty dobrej, nierafinowanej soli

(O) Do garnka wlej ok. półtorej szklanki gorącej wody, zagotuj

Wymieszaj, gotuj przez kilka minut

(Z) Marchewki umyj, obierz, pokrój w słupki, dodaj do wody.
Fasolkę szparagową umyj, odetnij końcówki, dodaj do wody

Wymieszaj, gotuj przez kilka minut

(M) Dodaj liście laurowe, majeranek, estragon i por pokrojony w plasterki

Wymieszaj, gotuj przez co najmniej minutę

(W) Dodaj szczyptę soli

Wymieszaj, gotuj przez co najmniej minutę

(D) Dodaj umytą i posiekaną nać pietruszki

Wymieszaj, gotuj przez co najmniej minutę

(O) Dodaj kurkumę i jeśli potrzeba, gorącej wody.
Powinno jej być tyle, żeby przykrywała warzywa

Wymieszaj, gotuj przez co najmniej minutę

Wymieszaj, gotuj na małym ogniu jeszcze ok. 10–15 minut – aż fasolka będzie miękka.

Do drugiego małego garnka wlej ok. 1 kubka gorącej wody, zagotuj, dodaj opłukaną kaszę jaglaną i szczyptę soli. Gotuj na niedużym ogniu aż kasza wchłonie wodę.

Fasolka i kasza powinny być gotowe mniej więcej w tym samym czasie. Wyjmij porcję fasolki łyżką cedzakową, połóż na środku talerza, na wierzch dodaj dwie łyżki kaszy jaglanej.

Kasza z młodą kapustką i brokułami

- **4 łyżki kaszy jaglanej**
- **kawałek brokułu**
- **nieduża garść kiszonej młodej kapusty**
- **kilka gałązek szczypiorku**
- **szczypta dobrej, nierafinowanej soli**

W garnku zagotuj ok. kubka wody, dodaj szczyptę soli i opłukaną kaszę jaglaną. Gotuj na średnim ogniu przez ok. 15 minut, aż kasza zwiększy objętość i wchłonie wodę.

Do drugiego małego garnka włóż brokuł podzielony na niewielkie kawałki. Zalej wrzątkiem i gotuj przez ok. 5–7 minut.

Kiedy kasza będzie gotowa, przełóż ją na talerz, obłóż brokułami, a na środku umieść młodą kapustkę, która jest świeża i lekko słona, i znakomicie podkreśli pozostałe smaki. Posyp posiekanym szczypiorkiem.

Kasza z młodą marchewką i brokułami

- 3 młode marchewki
- kawałek brokułu
- 3 łyżki kaszy jaglanej
- 2 łyżki czerwonej soczewicy
- kilka gałązek naci pietruszki
- pół pomidora
- 1 liść laurowy
- pół łyżeczki kminu rzymskiego
- pół łyżeczki suszonej kolendry
- ćwierć łyżeczki kurkumy
- szczypta dobrej, nierafinowanej soli

(O) Do garnka wlej ok. 2 szklanek gorącej wody, zagotuj

(Z) Marchewki przekrój wzdłuż na połowy i w poprzek na pół, dodaj do garnka. Dodaj też brokuł pokrojony na niewielkie kawałki

Wymieszaj, gotuj przez chwilę

(M) Dodaj liść laurowy, pieprz, kmin rzymski i kolendrę

Wymieszaj, gotuj przez chwilę

(W) Dodaj sól i soczewicę

Wymieszaj, gotuj przez chwilę

(D) Dodaj posiekaną nać pietruszki (zostaw kilka listków do dekoracji) i drobno pokrojonego pomidora

Wymieszaj, gotuj przez chwilę

(O) Dodaj kurkumę i jeśli potrzeba, gorącej wody. Powinno jej być tyle, żeby przykrywała warzywa

Wymieszaj, gotuj przez chwilę

(Z) Dodaj opłukaną kaszę jaglaną

Wymieszaj, gotuj na małym ogniu jeszcze ok. 15–20 minut – aż kasza wchłonie wodę i będzie miękka.

Podawaj z natką pietruszki.

Lipcowy tymiankowy gulasz z kaszą jaglaną

- **1 marchewka**
- **1 ziemniak**
- **pół kubka zielonego groszku**
- **2 łyżki kaszy jaglanej**
- **2 pomidorki koktajlowe**
- **kilka gałązek świeżego tymianku**
- **2 liście laurowe**
- **pół łyżeczki estragonu albo kilka listków świeżego**
- **ćwierć łyżeczki kurkumy**
- **szczypta dobrej, nierafinowanej soli**

(O) Do garnka wlej ok. półtora kubka gorącej wody, zagotuj

(Z) Marchewkę umyj, obierz, pokrój w słupki, dodaj do wody. Dodaj też ziemniaka pokrojonego w kostkę

Wymieszaj, gotuj przez kilka minut

(M) Dodaj liście laurowe, estragon i tymianek

Wymieszaj, gotuj przez co najmniej minutę

(W) Dodaj szczyptę soli

Wymieszaj, gotuj przez co najmniej minutę

(D) Dodaj pomidorki przekrojone na ćwiartki

Wymieszaj, gotuj przez co najmniej minutę

(O) Dodaj kurkumę i jeśli potrzeba, gorącej wody. Powinno jej być tyle, żeby przykrywała warzywa

Wymieszaj, gotuj przez co najmniej minutę

(Z) Dodaj zielony groszek i opłukaną kaszę

Wymieszaj, gotuj na małym ogniu jeszcze ok. 10–15 minut – aż kasza powiększy objętość i wchłonie wodę.

Majowa kasza z bobem i groszkiem

- kubek świeżego bobu
- kubek zielonego groszku
- 1 ziemniak
- 8 łyżek kaszy jaglanej
- 4 pomidorki koktajlowe
- 1 liść laurowy
- 1 łyżeczka majeranku
- pół łyżeczki suszonego lubczyku
- ćwierć łyżeczki kurkumy
- kilka gałązek natki pietruszki
- szczypta dobrej, nierafinowanej soli

Bób wypłucz, wsyp do garnka, zalej wrzątkiem. Po ok. 2 minutach odlej wodę. Sparzony bób łatwo można wyjąć z łupinek. Wystarczy wziąć go w palce i ścisnąć, żeby ziarno wyślizgnęło się na zewnątrz. Obierz cały bób i odstaw go na bok.

(O) Do garnka wlej ok. 2 szklanek gorącej wody, zagotuj

(Z) Ziemniaka obierz, wypłucz, pokrój w kostkę, dodaj do garnka.

Wymieszaj, gotuj przez chwilę

(M) Dodaj liść laurowy, majeranek i lubczyk

Wymieszaj, gotuj przez chwilę

(W) Dodaj sól

Wymieszaj, gotuj przez chwilę

(D) Dodaj umytą i posiekaną nać pietruszki oraz 2 pomidorki koktajlowe pokrojone na ćwiartki

Wymieszaj, gotuj przez chwilę

(O) Dodaj kurkumę i jeśli potrzeba, gorącej wody. Powinno jej być tyle, żeby ziemniaki pływały swobodnie i żeby zmieściła się kasza

Wymieszaj, gotuj przez chwilę

(Z) Dodaj opłukaną kaszę jaglaną, zielony groszek i obrany bób

Wymieszaj, gotuj na małym ogniu jeszcze ok. 15–20 minut – aż kasza wchłonie wodę i będzie miękka.

Podawaj z pomidorkami koktajlowymi.

Mocna kasza
z groszkiem i kolendrą

Ta kasza jest wzmocniona kilkoma łyżkami czerwonej soczewicy, więc syci na dłużej.

- **3 łyżki kaszy jaglanej**
- **4 łyżki czerwonej soczewicy**
- **4 łyżki zielonego groszku**
- **ćwierć łyżeczki suszonej bazylii**
- **dwie gałązki naci pietruszki**
- **ćwierć łyżeczki kurkumy**
- **szczypta soli**
- **świeża kolendra**

(O) Do garnka wlej ok. półtorej szklanki gorącej wody. Zagotuj

(Z) Dodaj opłukaną kaszę jaglaną

Wymieszaj, gotuj przez co najmniej minutę

(M) Dodaj suszoną bazylię

Wymieszaj, gotuj przez co najmniej minutę

(W) Dodaj szczyptę dobrej, nierafinowanej soli i soczewicę

Wymieszaj, gotuj przez co najmniej minutę

(D) Dodaj posiekaną nać pietruszki

Wymieszaj, gotuj przez co najmniej minutę

(O) Dodaj kurkumę. Jeżeli potrzeba, teraz możesz dodać gorącej wody. Powinno jej być tyle, żeby kasza była przykryta.

Wymieszaj, gotuj pod przykryciem przez co najmniej minutę

(Z) Dodaj zielony groszek

Wymieszaj, gotuj na małym ogniu jeszcze ok. 15 minut – aż kasza zmięknie i wchłonie wodę.

Podawaj ze świeżą kolendrą.

Paprykowa kasza jaglana z orzechami

- 6 łyżek kaszy jaglanej
- pół czerwonej papryki
- kilka gałązek naci pietruszki
- 2 liście laurowe
- garść łuskanych orzechów włoskich
- pół łyżeczki suszonego estragonu
- pół łyżeczki suszonej kolendry
- szczypta kurkumy
- szczypta soli

(O) Do garnka wlej ok. dwóch szklanek gorącej wody

Wymieszaj, gotuj przez co najmniej minutę

(Z) Dodaj opłukaną kaszę jaglaną. Paprykę umyj, usuń nasiona. Zetrzyj paprykę na wiórki albo pokrój w bardzo cienkie paseczki i dodaj do garnka.

Wymieszaj, gotuj przez co najmniej minutę

(M) Dodaj liść laurowy, suszoną bazylię i kolendrę

Wymieszaj, gotuj przez co najmniej minutę

(W) Dodaj szczyptę dobrej, nierafinowanej soli

Wymieszaj, gotuj przez co najmniej minutę

(D) Dodaj posiekaną nać pietruszki (zostaw kilka listków w całości do dekoracji)

Wymieszaj, gotuj przez co najmniej minutę

(O) Dodaj kurkumę i jeśli potrzeba, gorącej wody. Powinno jej być tyle, żeby kasza była całkowicie zakryta

Wymieszaj, gotuj pod przykryciem przez co najmniej minutę

(Z) Dodaj z grubsza posiekane orzechy (zostaw 2–3 do dekoracji)

Wymieszaj, gotuj na małym ogniu jeszcze ok. 10–15 minut – aż kasza spuchnie i wchłonie wodę.

Podawaj z połówkami orzechów i świeżą natką.

To może być świetne samodzielne danie na lekki lunch albo kolację. Możesz też podać tę kaszę do gulaszu albo kotletów.

Peruwiańsko-polska kasza z kozieradką

Peruwiańska jest wspaniała kasza quinoa, którą można kupić także w polskich sklepach. W połączeniu z tradycyjnie polską kaszą jaglaną daje lekkie, ale jednocześnie pożywne i pyszne danie.

- **4 łyżki kaszy quinoa**
- **2 łyżki kaszy jaglanej**
- **kawałek brokułu**
- **mały kawałek cukinii**
- **kilka gałązek natki pietruszki**
- **2 liście laurowe**
- **pół łyżeczki kozieradki**
- **pół łyżeczki suszonej bazylii**
- **szczypta kurkumy**
- **szczypta soli**
- **surowa marchewka**

(O) Do garnka wlej ok. dwóch szklanek gorącej wody, zagotuj. Dodaj opłukaną kaszę quinoa
Wymieszaj, gotuj przez co najmniej minutę
(Z) Dodaj opłukaną kaszę jaglaną, brokuł podzielony na mniejsze kawałki
Wymieszaj, gotuj przez co najmniej minutę
(M) Dodaj liście laurowe, bazylię i kozieradkę
Wymieszaj, gotuj przez co najmniej minutę
(W) Dodaj szczyptę dobrej, nierafinowanej soli
Wymieszaj, gotuj przez co najmniej minutę
(D) Dodaj drobno posiekaną nać pietruszki
Wymieszaj, gotuj przez co najmniej minutę
(O) Dodaj kurkumę i jeśli potrzeba, gorącej wody. Powinno jej być tyle, żeby przykrywała warzywa
Wymieszaj, gotuj pod przykryciem przez co najmniej minutę
(Z) Dodaj cukinię pokrojoną ze skórką w cienkie plasterki
Wymieszaj, gotuj na małym ogniu jeszcze ok. 15 minut – aż kasza spuchnie i wchłonie wodę.
Podawaj z tartą marchewką i pomidorkiem.

Placki dyniowe ze słonecznikiem

- **pół niezbyt dużej dyni hokkaido**
- **1 marchewka**
- **3 ziemniaki**
- **3 łyżki kaszy jaglanej**
- **1 pomidor**
- **garść świeżej natki pietruszki**
- **2 liście laurowe**
- **1 łyżeczka suszonej bazylii**
- **1 łyżeczka majeranku**
- **szczypta soli i pieprzu**
- **nasiona słonecznika i siemię lniane do obtaczania**
- **trochę dobrej oliwy do smażenia**

(O) Do garnka wlej ok. dwóch szklanek gorącej wody

Wymieszaj, gotuj przez co najmniej minutę

(Z) Dodaj marchewkę, ziemniaki i dynię pokrojone w kawałki

Wymieszaj, gotuj przez co najmniej minutę

(M) Dodaj liście laurowe, bazylię i majeranek

Wymieszaj, gotuj przez co najmniej minutę

(W) Dodaj szczyptę dobrej, nierafinowanej soli

Wymieszaj, gotuj przez co najmniej minutę

(D) Dodaj pokrojonego pomidora

Wymieszaj, gotuj przez co najmniej minutę

(O) Dodaj kurkumę i jeśli potrzeba, gorącej wody. Powinno jej być jak najmniej, byle tylko przykrywała warzywa

Wymieszaj, gotuj na małym ogniu jeszcze ok. 15 minut aż warzywa będą miękkie.

W osobnym garnku ugotuj kaszę jaglaną w lekko osolonej wodzie.

Jeszcze ciepłe warzywa pognieć widelcem na masę, dodaj ugotowaną kaszę jaglaną, dopraw pieprzem i posiekaną nacią pietruszki, wymieszaj dokładnie.

Z masy uformuj palcami kotlety, obtocz je w nasionach słonecznika albo siemieniu lnianym, smaż na patelni na rumiano.

Podróżnicza kasza z dynią i jarmużem

- **4 łyżki kaszy jaglanej**
- **kawałek dobrej, świeżej dyni hokkaido**
- **pół brokułu**
- **kilka młodych liści świeżego jarmużu**
- **2 szczypty dobrej, nierafinowanej soli**
- **gałązka natki pietruszki**

W małym garnku zagotuj ok. kubka wody. Dodaj szczyptę soli i opłukaną kaszę jaglaną, gotuj na średnim ogniu przez ok. 15 minut aż kasza spęcznieje i wchłonie wodę. Pod koniec gotowania, kiedy nie będzie już wody, zmniejsz płomień do minimum i trzymaj pod przykryciem, żeby kasza dojrzała.

W drugim garnku zagotuj ok. 2 kubków wody, dodaj szczyptę soli.

Plaster dyni obierz, usuń nasiona, pokrój na plastry (żeby otrzymać trójkąty). Dodaj do garnka.

Jarmuż opłucz, porwij palcami na mniejsze kawałki. Dodaj do garnka.

Brokuł opłucz, pokrój na niewielkie kawałki, dodaj do garnka.

Gotuj krótko, ok. 10–15 minut, do momentu kiedy dynia będzie miękka.

Odcedź.

Na talerzu usyp wulkan z gorącej kaszy.

Obok postaw pagórki pomarańczowej dyni.

Ułóż zarośla z jarmużu.

I postaw zieloną dżunglę brokułów.

Podawaj z natką pietruszki.

Prażona kasza z zielonym groszkiem

- **4 łyżki kaszy jaglanej**
- **1 garść nasion słonecznika**
- **1 garść nasion dyni**
- **kubek świeżego groszku**
- **szczypta soli**
- **kilka truskawek do dekoracji**

Na suchej patelni praż suchą kaszę razem z nasionami dyni i słonecznika. Prażenie polega na tym, żeby podpiec je trochę na suchej patelni, często mieszając. Najlepiej użyć do tego drewnianej łyżki.

Uprażona kasza zrobi się złociście brązowa, a nasiona zaczną intensywnie pachnieć.

Przesyp kaszę do garnka, dodaj nieco ponad kubek gorącej wody i szczyptę soli, gotuj na średnim, a potem na małym ogniu aż kasza spęcznieje i wchłonie wodę.

W drugim małym garnku zalej zielony groszek wrzątkiem i gotuj przez ok. 10 minut aż będzie miękki. Odcedź.

Podawaj razem z kaszą, dodaj umytą truskawkę, którą można zjeść na deser.

Witaminada jaglana

- **4 łyżki kaszy jaglanej**
- **kawałek kalafiora**
- **pół awokado**
- **liść jarmużu**
- **1 marchewka**
- **2 małe pomidorki**
- **2 małe ziemniaki**
- **świeża kolendra albo natka pietruszki**

W niewielkim garnku zagotuj ok. półtorej szklanki wody, dodaj szczyptę soli i wsyp opłukaną kaszę jaglaną. Gotuj na niedużym ogniu aż wchłonie wodę.

W maszynie do gotowania na parze ułóż: obraną marchewkę pokrojoną w słupki, kalafiora podzielonego na mniejsze kawałki, obrane ziemniaki pokrojone w plasterki i liść jarmużu porwany na mniejsze części. Nastaw na 15 minut.

Na ładnym dużym talerzu pośrodku ustaw miseczkę z gorącą kaszą jaglaną, a dookoła ułóż gorące warzywa z parowara, połówkę dojrzałego, świeżego awokado i pomidorki, posyp posiekanymi ziołami.

Masz przed sobą talerz pełen kolorów i witamin.

Spróbuj jak pysznie smakuje ziemniak posmarowany awokado z dodatkiem odrobiny kolendry i kalafiora. Zagryź kaszą jaglaną. Zrób zawijaska z kawałka liścia jarmużu z kaszą, kalafiorem i awokado. Łącz składniki w dowolny sposób. To danie najlepiej je się palcami!

Zapiekanka z kaszy jaglanej

- **4 łyżki kaszy jaglanej**
- **pół czerwonej papryki**
- **kilka gałązek naci pietruszki**
- **garść łuskanych orzechów włoskich**
- **pół dojrzałego awokado**
- **4 pomidorki koktajlowe**
- **2 małe pieczarki**
- **niewielki kawałek kalafiora**
- **1 mały ziemniak**
- **1 mała marchewka**
- **garść zielonego groszku**
- **pół łyżeczki suszonej papryki**
- **pół łyżeczki pieprzu**
- **pół łyżeczki przyprawy curry**
- **trochę dobrej, nierafinowanej soli**

Do garnka wlej kubek gorącej wody, zagotuj.

Dodaj szczyptę soli, opłukaną kaszę jaglaną, gotuj na średnim ogniu przez ok. 15 minut, aż kasza wchłonie wodę.

Przygotuj warzywa:

paprykę pokrój w cienkie paski

ziemniaka obierz, pokrój w plastry

kalafiora pokrój w małe kawałki

awokado wyjmij ze skórki – łatwo to zrobisz chwytając pół awokado w mniej więcej połowie jego długości z dwóch stron za łupinę i wypychając kciukami środek awokado na zewnątrz – tak jakbyś wywracał go na lewą stronę. Pokrój awokado w plasterki

posiekaj natkę pietruszki

pomidorki pokrój na ćwiartki

orzechy z grubsza posiekaj nożem

pieczarki pokrój w plasterki

groszek opłucz i osącz z wody

marchewkę obierz, zetrzyj na wiórki na tarce typu julienne.

Na dnie szklanego naczynia do zapiekania ułóż prawie wszystkie plasterki awokado. Zostaw trzy do ułożenia na wierzchu.

Do gorącej, świeżo ugotowanej kaszy dodaj wszystkie pozostałe warzywa, pół łyżeczki soli i pozostałe przyprawy. Dokładnie wymieszaj.

Przełóż do naczynia do zapiekania. Na wierzchu ułóż trzy plasterki awokado.

Piecz w piekarniku przez 35 minut w temperaturze 180 stopni.

Zapiekanka z resztek

- **4 łyżki kaszy jaglanej**
- **szczypta dobrej, nierafinowanej soli**
- **takie warzywa, jakie akurat masz pod ręką: kawałek brokułu, resztka fasolki szparagowej z kolacji, zabłąkany szparag, kawałek bakłażana albo nawet resztka bakłażanowego gulaszu, kawałek ugotowanej dyni, kilka plasterków cukinii, garstka zielonego groszku, resztka duszonego szpinaku, trochę kiełków itd.**
- **ząbek czosnku**
- **kilka gałązek świeżej kolendry**
- **pół łyżeczki suszonej kolendry**
- **pół łyżeczki estragonu**
- **pół łyżeczki pieprzu**
- **pół łyżeczki dobrej, nierafinowanej soli**
- **4 pomidorki koktajlowe**

Kaszę opłucz, wsyp do ok. kubka gotującej się wody, dodaj szczyptę soli i ugotuj aż spęcznieje i wchłonie wodę (ok. 12 minut).

Do gorącej kaszy dodaj pozostałe składniki pokrojone na małe kawałki (z wyjątkiem pomidorków), zostaw trochę świeżej posiekanej kolendry do dekoracji.

Przełóż kaszę do naczynia do zapiekania, wstaw do piekarnika na pół godziny i piecz w ok. 180 stopniach.

Podawaj ze świeżą kolendrą i pomidorkami.

Zielona kasza
z cukinią i groszkiem

Możesz użyć świeżego, suszonego albo mrożonego zielonego groszku. Jeśli suszony, to poprzedniego wieczoru namocz go w zimnej wodzie i zostaw do rana.

- **6 łyżek kaszy jaglanej**
- **pół cukinii**
- **6 łyżek zielonego groszku**
- **kilka gałązek naci pietruszki**
- **1 liść laurowy**
- **pół łyżeczki suszonej bazylii**
- **ćwierć łyżeczki kminku**
- **ćwierć łyżeczki kurkumy**
- **szczypta soli**
- **świeża bazylia**

(O) Do garnka wlej ok. dwóch szklanek gorącej wody

Wymieszaj, gotuj przez co najmniej minutę

(Z) Dodaj opłukaną kaszę jaglaną. Cukinię umyj i trzymając ją pionowo względem tarki typu julienne, zetrzyj na wiórki razem ze skórką jej zewnętrzną, jędrną warstwę. Miękki środek z pestkami wyrzuć.

Wymieszaj, gotuj przez co najmniej minutę

(M) Dodaj liść laurowy, suszoną bazylię i kminek

Wymieszaj, gotuj przez co najmniej minutę

(W) Dodaj szczyptę dobrej, nierafinowanej soli

Wymieszaj, gotuj przez co najmniej minutę

(D) Dodaj posiekaną nać pietruszki

Wymieszaj, gotuj przez co najmniej minutę

(O) Dodaj kurkumę i jeśli potrzeba, gorącej wody. Powinno jej być tyle, żeby kasza była mokra i miała miejsce, żeby trochę urosnąć podczas gotowania

Wymieszaj, gotuj pod przykryciem przez co najmniej minutę

(Z) Dodaj zielony groszek

Wymieszaj, gotuj na małym ogniu jeszcze ok. 10–15 minut – aż kasza spuchnie i wchłonie wodę.

Podawaj ze świeżą bazylią.

ZUPY

Imbirowy krem marchewkowy z bazylią

- 3 marchewki
- 1 pietruszka
- niewielki kawałek selera
- 3 cm świeżego imbiru
- 3 łyżki kaszy jaglanej
- kilka gałązek naci pietruszki
- 1 niewielki pomidor
- 3 liście laurowe
- pół łyżeczki suszonej bazylii
- ćwierć łyżeczki mielonego pieprzu
- ćwierć łyżeczki kurkumy
- garść świeżych liści bazylii
- szczypta soli

(O) Do garnka wlej ok. trzech szklanek gorącej wody

Wymieszaj, gotuj przez chwilę

(Z) Dodaj marchewkę, pietruszkę i seler pokrojone w plasterki

Wymieszaj, gotuj przez chwilę

(M) Dodaj liście laurowe, pieprz, bazylię oraz imbir bez skórki, pokrojony w plasterki

Wymieszaj, gotuj przez chwilę

(W) Dodaj szczyptę dobrej, nierafinowanej soli

Wymieszaj, gotuj przez chwilę

(D) Dodaj posiekaną nać pietruszki i drobno pokrojonego pomidora

Wymieszaj, gotuj przez chwilę

(O) Dodaj kurkumę i jeśli potrzeba, gorącej wody. Powinno jej być tyle, żeby przykrywała warzywa

Wymieszaj, gotuj przez chwilę

(Z) Dodaj opłukaną kaszę jaglaną

Wymieszaj, gotuj na małym ogniu jeszcze ok. 12 minut – aż kasza będzie miękka.

Wyjmij z zupy liście laurowe. Ręcznym blenderem zmiksuj zupę na krem.

Podawaj ze świeżą bazylią.

PS Żeby smak bazylii był bardziej intensywny, możesz ją drobno posiekać i obficie posypać zupę na wierzchu.

Krem brokułowy ze szczypiorkiem

- 1 marchewka
- 1 pietruszka
- mały kawałek selera
- 1 mały por
- pół brokułu
- 3 łyżki kaszy jaglanej
- kilka gałązek naci pietruszki
- 1 niewielki pomidor
- 3 liście laurowe
- 1 łyżeczka suszonego majeranku
- pół łyżeczki suszonego estragonu
- ćwierć łyżeczki mielonego pieprzu
- ćwierć łyżeczki kurkumy
- pęczek szczypiorku
- szczypta soli

(O) Do garnka wlej ok. trzech szklanek gorącej wody

Wymieszaj, gotuj przez chwilę

(Z) Dodaj marchewkę, pietruszkę i seler pokrojone w plasterki

Wymieszaj, gotuj przez chwilę

(M) Dodaj liście laurowe, pieprz, estragon i majeranek

Wymieszaj, gotuj przez chwilę

(W) Dodaj szczyptę dobrej, nierafinowanej soli

Wymieszaj, gotuj przez chwilę

(D) Dodaj posiekaną nać pietruszki i drobno pokrojonego pomidora

Wymieszaj, gotuj przez chwilę

(O) Dodaj kurkumę i jeśli potrzeba, gorącej wody. Powinno jej być ok. 2 cm powyżej warzyw

Wymieszaj, gotuj przez chwilę

(Z) Dodaj brokuł pokrojony w małe kawałki i opłukaną kaszę jaglaną

Wymieszaj, gotuj na małym ogniu jeszcze ok. 15 minut – aż kasza będzie miękka.

Wyjmij z zupy liście laurowe. Ręcznym blenderem zmiksuj zupę na krem.

Podawaj ze świeżym szczypiorkiem.

Krem paprykowy z natką i kiełkami

- **1 marchewka**
- **1 pietruszka**
- **niewielki kawałek selera**
- **1 mały por**
- **1 czerwona papryka**
- **2 łyżki kaszy jaglanej**
- **2 łyżki czerwonej soczewicy**
- **1 pomidor**
- **3 liście laurowe**
- **pół łyżeczki kminu rzymskiego**
- **ćwierć łyżeczki mielonego pieprzu**
- **ćwierć łyżeczki kurkumy**
- **garść świeżych kiełków**
- **kilka gałązek natki pietruszki**
- **szczypta dobrej, nierafinowanej soli**

(O) Do garnka wlej ok. trzech szklanek gorącej wody

Wymieszaj, gotuj przez chwilę

(Z) Dodaj marchewkę, pietruszkę i seler pokrojone w plasterki

Wymieszaj, gotuj przez chwilę

(M) Dodaj liście laurowe, pieprz i kmin rzymski

Wymieszaj, gotuj przez chwilę

(W) Dodaj szczyptę soli i soczewicę

Wymieszaj, gotuj przez chwilę

(D) Dodaj drobno pokrojonego pomidora

Wymieszaj, gotuj przez chwilę

(O) Dodaj kurkumę i jeśli potrzeba, gorącej wody. Powinno jej być tyle, żeby przykrywała warzywa

Wymieszaj, gotuj przez chwilę

(Z) Paprykę umyj, wyjmij gniazdo nasienne. Miąższ pokrój w paski i dodaj do garnka. Dodaj też opłukaną kaszę jaglaną

Wymieszaj, gotuj na małym ogniu jeszcze ok. 15 minut – aż kasza będzie miękka.

Wyjmij z zupy liście laurowe. Ręcznym blenderem zmiksuj zupę na krem.

Podawaj ze świeżymi kiełkami i natką pietruszki.

Krem pomidorowy z bazylią

- 1 marchewka
- 1 pietruszka
- niewielki kawałek selera
- 1 mały por
- 1 ziemniak
- 1 czerwona papryka
- 3 dobre, świeże, dojrzałe pomidory
- 2 łyżki kaszy jaglanej
- 3 liście laurowe
- pół łyżeczki suszonej bazylii
- pół łyżeczki majeranku
- ćwierć łyżeczki mielonego pieprzu
- ćwierć łyżeczki kurkumy
- garść liści bazylii
- kilka gałązek natki pietruszki
- szczypta dobrej, nierafinowanej soli

(O) Do garnka wlej ok. trzech szklanek gorącej wody

Wymieszaj, gotuj przez chwilę

(Z) Dodaj marchewkę, pietruszkę, ziemniak i seler pokrojone w plasterki

Wymieszaj, gotuj przez chwilę

(M) Dodaj liście laurowe, pieprz, majeranek i suszoną bazylię

Wymieszaj, gotuj przez chwilę

(W) Dodaj szczyptę soli

Wymieszaj, gotuj przez chwilę

(D) Dodaj pokrojone pomidory i posiekaną natkę pietruszki

Wymieszaj, gotuj przez chwilę

(O) Dodaj kurkumę i jeśli potrzeba, gorącej wody. Powinno jej być tyle, żeby przykrywała warzywa

Wymieszaj, gotuj przez chwilę

(Z) Paprykę umyj, wyjmij gniazdo nasienne. Połowę miąższu pokrój w paski i dodaj do garnka. Dodaj też opłukaną kaszę jaglaną

Wymieszaj, gotuj na małym ogniu jeszcze ok. 15 minut.

Wyjmij z zupy liście laurowe. Ręcznym blenderem zmiksuj zupę na krem.

Podawaj z plasterkami świeżej papryki i bazylią.

Krem szpinakowy z kiełkami

- **garść świeżych liści szpinaku**
- **1 ziemniak**
- **1 pietruszka**
- **niewielki kawałek selera**
- **1 por**
- **1 pomidor**
- **kilka gałązek natki pietruszki**
- **2 łyżki kaszy jaglanej**
- **3 liście laurowe**
- **pół łyżeczki cząbru**
- **ćwierć łyżeczki mielonego pieprzu**
- **ćwierć łyżeczki kurkumy**
- **garść świeżych kiełków**
- **szczypta dobrej, nierafinowanej soli**

(O) Do garnka wlej ok. trzech szklanek gorącej wody

Wymieszaj, gotuj przez chwilę

(Z) Dodaj opłukane liście szpinaku, pietruszkę, seler i ziemniak pokrojone w plasterki

Wymieszaj, gotuj przez chwilę

(M) Dodaj liście laurowe, pieprz i cząber

Wymieszaj, gotuj przez chwilę

(W) Dodaj szczyptę soli

Wymieszaj, gotuj przez chwilę

(D) Dodaj drobno pokrojonego pomidora i posiekaną natkę pietruszki

Wymieszaj, gotuj przez chwilę

(O) Dodaj kurkumę i jeśli potrzeba, gorącej wody. Powinno jej być tyle, żeby przykrywała warzywa

Wymieszaj, gotuj przez chwilę

(Z) Dodaj opłukaną kaszę jaglaną

Wymieszaj, gotuj na małym ogniu jeszcze ok. 15 minut.

Wyjmij z zupy liście laurowe. Ręcznym blenderem zmiksuj zupę na krem.

Podawaj ze świeżymi kiełkami.

Wiosenna zupa z botwinki

- pęczek botwinki
- pęczek młodych jarzyn (marchewka, pietruszka, selerek i mały por)
- 2 małe młode ziemniaczki
- 4 łyżki kaszy jaglanej
- kilka gałązek natki pietruszki
- 1 liść laurowy
- pół łyżeczki majeranku
- pół łyżeczki cząbru
- szczypta kurkumy
- 2 szczypty dobrej, nierafinowanej soli

(O) Do garnka wlej ok. trzech szklanek gorącej wody

Wymieszaj, gotuj przez chwilę

(Z) Dodaj marchewkę, pietruszkę i seler pokrojone w plasterki. Dodaj oskrobane i pokrojone na połówki ziemniaczki. Dodaj opłukane i pokrojone na małe kawałki łodygi botwinki razem z liśćmi i buraczkami.

Wymieszaj, gotuj przez chwilę

(M) Dodaj liść laurowy, majeranek i cząber

Wymieszaj, gotuj przez chwilę

(W) Dodaj szczyptę soli

Wymieszaj, gotuj przez chwilę

(D) Dodaj posiekaną natkę pietruszki

Wymieszaj, gotuj przez chwilę

(O) Dodaj kurkumę i jeśli potrzeba, gorącej wody. Powinno jej być tyle, żeby przykrywała warzywa

Wymieszaj, gotuj na małym ogniu jeszcze ok. 15 minut.

Do drugiego małego garnka nalej kubek gorącej wody, zagotuj.

Dodaj szczyptę soli i opłukaną kaszę jaglaną.

Gotuj na średnim ogniu aż kasza wchłonie wodę i spęcznieje.

Na środku głębokiego talerza umieść miseczkę z gorącą, świeżo ugotowaną kaszą jaglaną. Dookoła nalej zupę.

Moja zupa jest gęsta, bo celowo ugotowałam ją w małej ilości wody. Najlepsze w niej są przecież cudownie aromatyczne, pełne nieziemskiego smaku młode wiosenne warzywa.

Wiosenna zupa z kalafiorem

Młode wiosenne warzywa mają tyle smaku i aromatu, że do zrobienia tej zupy użyłam tylko odrobiny soli i kurkumy, i moim zdaniem więcej przypraw wcale nie potrzeba.

- **pęczek młodych warzyw (marchewka, pietruszka z natką, seler, malutki por)**
- **2 młode ziemniaki**
- **pół małego młodego kalafiorka**
- **4 łyżki kaszy jaglanej**
- **ćwierć łyżeczki kurkumy**
- **szczypta soli**

(O) Do garnka wlej ok. dwóch szklanek gorącej wody

Wymieszaj, gotuj przez co najmniej minutę

(Z) Dodaj młode warzywa (marchewkę, korzeń pietruszki, seler i ziemniaki) pokrojone w plasterki i kalafiora pokrojonego w małe kawałki

Wymieszaj, gotuj przez co najmniej minutę

(M) Dodaj por pokrojony w plasterki

Wymieszaj, gotuj przez co najmniej minutę

(W) Dodaj szczyptę dobrej, nierafinowanej soli

Wymieszaj, gotuj przez co najmniej minutę

(D) Dodaj posiekaną nać pietruszki

Wymieszaj, gotuj przez co najmniej minutę

(O) Dodaj kurkumę i jeśli potrzeba, gorącej wody. Powinno jej być tyle, żeby przykrywała warzywa

Wymieszaj, gotuj pod przykryciem przez co najmniej minutę

(Z) Dodaj opłukaną kaszę jaglaną

Wymieszaj, gotuj na małym ogniu jeszcze ok. 10 minut – aż kasza będzie miękka.

Krem z cukinii z oregano

- **1 marchewka**
- **1 pietruszka**
- **1 mała cukinia**
- **niewielki kawałek selera**
- **1 mały por**
- **2 łyżki kaszy jaglanej**
- **1 pomidor**
- **kilka gałązek natki pietruszki**
- **3 liście laurowe**
- **pół łyżeczki suszonego oregano**
- **ćwierć łyżeczki mielonego pieprzu**
- **ćwierć łyżeczki kurkumy**
- **kilka gałązek świeżego oregano**
- **szczypta dobrej, nierafinowanej soli**

(O) Do garnka wlej ok. trzech szklanek gorącej wody

Wymieszaj, gotuj przez chwilę

(Z) Dodaj marchewkę, pietruszkę, seler i cukinię (ze skórką) pokrojone w plasterki

Wymieszaj, gotuj przez chwilę

(M) Dodaj liście laurowe, pieprz i oregano

Wymieszaj, gotuj przez chwilę

(W) Dodaj szczyptę soli

Wymieszaj, gotuj przez chwilę

(D) Dodaj drobno pokrojonego pomidora i posiekaną natkę pietruszki

Wymieszaj, gotuj przez chwilę

(O) Dodaj kurkumę i jeśli potrzeba, gorącej wody. Powinno jej być tyle, żeby przykrywała warzywa

Wymieszaj, gotuj przez chwilę

(Z) Dodaj opłukaną kaszę jaglaną

Wymieszaj, gotuj na małym ogniu jeszcze ok. 15 minut.

Wyjmij z zupy liście laurowe. Ręcznym blenderem zmiksuj zupę na krem.

Podawaj ze świeżymi gałązkami oregano.

Wiosenny krem jaglany z zieloną pietruszką

- **pęczek młodych jarzyn:**
  1 marchewka
  1 pietruszka
  1 ziemniak
  1 mały seler
  1 malutki por
- **4 łyżki kaszy jaglanej**
- **pół pęczka natki pietruszki**
- **2 liście laurowe**
- **pół łyżeczki suszonej bazylii**
- **szczypta kurkumy**
- **szczypta dobrej, nierafinowanej soli**

(O) Do garnka wlej ok. trzech szklanek gorącej wody

Wymieszaj, gotuj przez co najmniej minutę

(Z) Dodaj marchewkę, pietruszkę i seler pokrojone w plasterki i ziemniaka pokrojonego w kostkę

Wymieszaj, gotuj przez co najmniej minutę

(M) Dodaj liście laurowe, bazylię i por pokrojony w plasterki

Wymieszaj, gotuj przez co najmniej minutę

(W) Dodaj szczyptę soli

Wymieszaj, gotuj przez co najmniej minutę

(D) Dodaj prawie całą posiekaną nać pietruszki (trochę zostaw do ozdoby)

Wymieszaj, gotuj przez co najmniej minutę

(O) Dodaj szczyptę kurkumy. Jeśli potrzeba, teraz możesz dodać gorącej wody

Wymieszaj, gotuj pod przykryciem przez co najmniej minutę

(Z) Dodaj opłukaną kaszę jaglaną

Wymieszaj, gotuj na małym ogniu jeszcze ok. 15 minut – aż kasza będzie miękka.

Wyjmij liście laurowe.

Zmiksuj zupę na krem.

Podawaj ze świeżą natką pietruszki.

Zupa brokułowa z majerankiem

- pół brokułu
- 1 marchewka
- 1 pietruszka
- kawałek selera
- 1 por
- 1 ziemniak
- 3 łyżki kaszy jaglanej
- kilka gałązek naci pietruszki
- 3 liście laurowe
- 1 łyżeczka suszonego majeranku
- ćwierć łyżeczki suszonej kolendry
- ćwierć łyżeczki kurkumy
- 2 szczypty dobrej, nierafinowanej soli
- kilka gałązek świeżego majeranku

To danie zrobiłam w dwóch garnkach.

(O) Do pierwszego garnka wlej ok. dwóch kubków gorącej wody

Wymieszaj, gotuj przez chwilę

(Z) Dodaj marchewkę pokrojoną w słupki, pietruszkę i seler pokrojone w plasterki, ziemniak pokrojony w kostkę

Wymieszaj, gotuj przez chwilę

(M) Dodaj liście laurowe, suszoną kolendrę i suszony majeranek

Wymieszaj, gotuj przez chwilę

(W) Dodaj szczyptę soli

Wymieszaj, gotuj przez chwilę

(D) Dodaj posiekaną natkę pietruszki

Wymieszaj, gotuj przez chwilę

(O) Dodaj kurkumę i jeśli potrzeba, gorącej wody. Powinno jej być tyle, żeby przykrywała warzywa i żeby zmieścił się brokuł Wymieszaj, gotuj na małym ogniu ok. 10 minut.

(Z) Dodaj brokuł pokrojony na małe kawałki, dokładnie wymieszaj. Gotuj jeszcze przez ok. 7 minut.

Do drugiego garnka nalej kubek gorącej wody, dodaj szczyptę soli i opłukaną kaszę jaglaną. Gotuj na niewielkim ogniu przez ok. 15 minut, czyli aż kasza wchłonie wodę.

Na środku talerza usyp kopczyk gorącej, świeżo ugotowanej kaszy jaglanej. Dookoła nalej zupę z warzywami. Podawaj z gałązką świeżego majeranku.

Zupa brokułowa z soczewicą

- **pół brokułu**
- **1 marchewka**
- **1 pietruszka**
- **kawałek selera**
- **1 por**
- **1 ziemniak**
- **2 łyżki kaszy jaglanej**
- **3 łyżki czerwonej soczewicy**
- **kilka gałązek naci pietruszki**
- **1 pomidor**
- **2 liście laurowe**
- **pół łyżeczki suszonego rozmarynu**
- **ćwierć łyżeczki pieprzu**
- **ćwierć łyżeczki kurkumy**
- **1 szczypta dobrej, nierafinowanej soli**

(O) Do garnka wlej ok. trzech kubków gorącej wody

Wymieszaj, gotuj przez chwilę

(Z) Dodaj marchewkę pokrojoną w słupki, pietruszkę i seler pokrojone w plasterki, ziemniak pokrojony w kostkę

Wymieszaj, gotuj przez chwilę

(M) Dodaj liście laurowe, suszony rozmaryn i pieprz

Wymieszaj, gotuj przez chwilę

(W) Dodaj szczyptę soli i soczewicę

Wymieszaj, gotuj przez chwilę

(D) Dodaj posiekaną natkę pietruszki i drobno pokrojonego pomidora

Wymieszaj, gotuj przez chwilę

(O) Dodaj kurkumę i jeśli potrzeba, gorącej wody. Powinno jej być ok. 2 cm powyżej warzyw

Wymieszaj, gotuj przez chwilę

(Z) Dodaj opłukaną kaszę jaglaną

Wymieszaj, gotuj na małym ogniu ok. 10 minut.

(Z) Dodaj brokuł pokrojony na małe kawałki, dokładnie wymieszaj.

Gotuj jeszcze przez ok. 10 minut, od czasu do czas mieszając.

Zupa brukselkowa z kaszą jaglaną

- 6 łyżek kaszy jaglanej
- 1 marchewka
- 1 pietruszka
- 2 ziemniaki
- 2 garści jak najmniejszych brukselek
- kawałek selera
- 1 nieduży por
- kilka gałązek naci pietruszki
- 3 liście laurowe
- pół łyżeczki estragonu
- pół łyżeczki cząbru
- ćwierć łyżeczki kurkumy
- szczypta dobrej, nierafinowanej soli

(O) Do garnka wlej ok. trzech szklanek gorącej wody

Wymieszaj, gotuj przez co najmniej minutę

(Z) Dodaj marchewkę pokrojoną w słupki, pietruszkę pokrojoną w plasterki, selera pokrojonego w małe kawałki, ziemniaki pokrojone w kostkę i brukselkę bez wierzchnich liści

Wymieszaj, gotuj przez co najmniej minutę

(M) Dodaj liście laurowe, cząber i estragon oraz por pokrojony w plasterki

Wymieszaj, gotuj przez co najmniej minutę

(W) Dodaj szczyptę soli

Wymieszaj, gotuj przez co najmniej minutę

(D) Dodaj posiekaną nać pietruszki

Wymieszaj, gotuj przez co najmniej minutę

(O) Dodaj kurkumę i jeśli potrzeba, gorącej wody.

Wymieszaj, gotuj pod przykryciem przez co najmniej minutę

(Z) Dodaj opłukaną kaszę jaglaną

Wymieszaj, gotuj na małym ogniu jeszcze ok. 15 minut – aż kasza będzie miękka.

Podawaj z odrobiną siekanej naci pietruszki.

Zupa jaglana z cukinią

- 1 mała cukinia
- 1 marchewka
- 1 pietruszka
- kawałek selera
- 1 por
- 1 ziemniak
- 3 łyżki kaszy jaglanej
- kilka gałązek naci pietruszki
- 1 pomidor
- 2 liście laurowe
- pół łyżeczki suszonego estragonu
- ćwierć łyżeczki suszonego tymianku
- ćwierć łyżeczki kurkumy
- 1 szczypta dobrej, nierafinowanej soli
- świeży koperek

(O) Do garnka wlej ok. trzech kubków gorącej wody

Wymieszaj, gotuj przez chwilę

(Z) Dodaj marchewkę pokrojoną w słupki, pietruszkę i seler pokrojone w plasterki, ziemniaki pokrojone w kostkę

Wymieszaj, gotuj przez chwilę

(M) Dodaj liście laurowe, estragon i tymianek

Wymieszaj, gotuj przez chwilę

(W) Dodaj szczyptę soli

Wymieszaj, gotuj przez chwilę

(D) Dodaj posiekaną natkę pietruszki i drobno pokrojonego pomidora

Wymieszaj, gotuj przez chwilę

(O) Dodaj kurkumę i jeśli potrzeba, gorącej wody.
Powinno jej być ok. 2 cm powyżej warzyw

Wymieszaj, gotuj przez chwilę

(Z) Dodaj opłukaną kaszę jaglaną i cukinię
pokrojoną w plastry razem ze skórką

Wymieszaj dokładnie, gotuj na małym ogniu jeszcze
ok. 15 minut od czasu do czasu mieszając.

Podawaj ze świeżym koperkiem.

Zupa jaglana
z pomidorów i papryki

Kiedy podróżowałam po Chinach, szukałam zwykłych barów, gdzie parują gorące garnki ze świeżym jedzeniem. Pewnego dnia w takim właśnie barze dla tubylców zamówiłam zupę pomidorową.

Okazało się, że pojęcie zupy pomidorowej w Chinach jest zupełnie inne od naszego. Były to po prostu pomidory ugotowane w wodzie z dodatkiem odrobiny soli.

Tamta zupa była inspiracją do tego przepisu.

- **4 dobre, soczyste, dojrzałe pomidory**
- **1 czerwona papryka**
- **1 mała marchewka**
- **1 mały ziemniak**
- **1 ząbek czosnku**
- **4 łyżki kaszy jaglanej**
- **2 szczypty dobrej, nierafinowanej soli**
- **świeży szczypiorek**

(O) Do garnka wlej ok. dwóch kubków gorącej wody

Wymieszaj, gotuj przez chwilę

(Z) Dodaj marchewkę pokrojoną w plasterki i ziemniak pokrojony w kostkę

Wymieszaj, gotuj przez chwilę

(M) Dodaj posiekany czosnek

Wymieszaj, gotuj przez chwilę

(W) Dodaj szczyptę soli

Wymieszaj, gotuj przez chwilę

(D) Dodaj pomidory pokrojone na małe kawałki

Wymieszaj, gotuj przez chwilę

(O) Dodaj kurkumę i jeśli potrzeba, gorącej wody. Powinno jej być tyle, żeby przykrywała warzywa

Wymieszaj, gotuj przez chwilę

(Z) Paprykę umyj, wyjmij gniazdo z nasionami, miąższ pokrój w paski i dodaj do wody

Gotuj na niewielkim ogniu przez ok. 12 minut.

Do drugiego garnka nalej kubek gorącej wody, dodaj szczyptę soli i opłukaną kaszę jaglaną. Gotuj na niewielkim ogniu przez ok. 12 minut, czyli aż kasza wchłonie wodę.

Do głębokiego talerza nalej zupy z pomidorami. Na środku umieść kopczyk gorącej, świeżo ugotowanej kaszy jaglanej. Podawaj ze szczypiorkiem.

Zupa jaglano-marchewkowa z brukselką

- **2 duże marchewki**
- **miseczka jak najmniejszej brukselki**
- **kawałek selera**
- **1 pietruszka**
- **1 por**
- **4 łyżki kaszy jaglanej**
- **3 liście laurowe**
- **pół łyżeczki suszonego tymianku**
- **3 liście świeżego lubczyku**
- **ćwierć łyżeczki kurkumy**
- **kilka gałązek natki pietruszki**
- **szczypta dobrej, nierafinowanej soli**
- **świeża kolendra**

(O) Do garnka wlej ok. dwóch kubków gorącej wody

Wymieszaj, gotuj przez chwilę

(Z) Dodaj brukselkę obraną z zewnętrznych, zwiędłych listków. Dodaj marchewkę, pietruszkę i seler pokrojone w plasterki

Wymieszaj, gotuj przez chwilę

(M) Dodaj liście laurowe, tymianek i lubczyk

Wymieszaj, gotuj przez chwilę

(W) Dodaj szczyptę soli

Wymieszaj, gotuj przez chwilę

(D) Dodaj posiekaną natkę pietruszki

Wymieszaj, gotuj przez chwilę

(O) Dodaj kurkumę i jeśli potrzeba, gorącej wody. Powinno jej być ok. 1 cm powyżej warzyw

Wymieszaj, gotuj przez chwilę

(Z) Dodaj opłukaną kaszę jaglaną

Wymieszaj, gotuj przez ok. 15 minut, od czasu do czas mieszając.

Podawaj ze świeżą kolendrą.

Zupa jarzynowa z kaszą jaglaną

- **1 marchewka**
- **1 pietruszka**
- **mały kawałek selera**
- **mały kawałek włoskiej kapusty**
- **1 por**
- **1 ziemniak**
- **3 łyżki kaszy jaglanej**
- **kilka gałązek naci pietruszki**
- **3 liście laurowe**
- **kilka liści świeżego lubczyku**
- **2 gałązki świeżego estragonu**
- **ćwierć łyżeczki kurkumy**
- **szczypta dobrej, nierafinowanej soli**

(O) Do garnka wlej ok. dwóch kubków gorącej wody

Wymieszaj, gotuj przez chwilę

(Z) Dodaj marchewkę pokrojoną w słupki, pietruszkę i seler pokrojone w plasterki, ziemniak pokrojony w kostkę, dość drobno pokrojoną kapustę

Wymieszaj, gotuj przez chwilę

(M) Dodaj liście laurowe, lubczyk i estragon

Wymieszaj, gotuj przez chwilę

(W) Dodaj szczyptę soli

Wymieszaj, gotuj przez chwilę

(D) Dodaj posiekaną natkę pietruszki (zostaw kilka listków do dekoracji)

Wymieszaj, gotuj przez chwilę

(O) Dodaj kurkumę i jeśli potrzeba, gorącej wody. Powinno jej być trochę powyżej warzyw

Wymieszaj, gotuj na małym ogniu jeszcze ok. 15 minut.

Do drugiego garnka nalej kubek gorącej wody, dodaj szczyptę soli i opłukaną kaszę jaglaną. Gotuj na niewielkim ogniu przez ok. 15 minut, czyli aż kasza wchłonie wodę.

Do miseczki albo głębokiego talerza nalej zupę z warzywami. Na środku umieść kopczyk gorącej, świeżo ugotowanej kaszy jaglanej. Podawaj z natką pietruszki.

Zupa na Dzień Dziecka

Fasolę poprzedniego dnia wieczorem wsyp do szklanej miski, zalej wodą i zostaw na noc do namoczenia.

- **4 łyżki suszonej średniej białej fasoli**
- **1 młoda marchewka**
- **1 młoda pietruszka z natką**
- **młody mały selerek**
- **1 młody, mały por**
- **2 małe młode ziemniaczki**
- **3 łyżki kaszy jaglanej**
- **1 pomidor**
- **2 liście laurowe**
- **pół łyżeczki suszonego kminku**
- **1 łyżeczka suszonego majeranku**
- **ćwierć łyżeczki kurkumy**
- **1 szczypta dobrej, nierafinowanej soli**
- **świeży szczypiorek**

(O) Do garnka wlej ok. trzech kubków gorącej wody

Wymieszaj, gotuj przez chwilę

(Z) Dodaj marchewkę, pietruszkę i seler pokrojone w plasterki, ziemniaki pokrojone w kostkę

Wymieszaj, gotuj przez chwilę

(M) Dodaj liście laurowe, kminek i majeranek

Wymieszaj, gotuj przez chwilę

(W) Dodaj szczyptę soli oraz opłukaną, odsączoną fasolę

Wymieszaj, gotuj przez chwilę

(D) Dodaj posiekaną natkę pietruszki i drobno pokrojonego pomidora

Wymieszaj, gotuj przez chwilę

(O) Dodaj kurkumę i jeśli potrzeba, gorącej wody. Powinno jej być ok. 2 cm powyżej warzyw

Wymieszaj, gotuj przez chwilę

(Z) Dodaj opłukaną kaszę jaglaną

Wymieszaj dokładnie, gotuj na małym ogniu jeszcze ok. 15 minut od czasu do czasu mieszając.

Podawaj ze świeżym szczypiorkiem.

Zupa jaglana
z soczewicą i bazylią

- 1 marchewka
- 1 pietruszka
- kawałek selera
- 1 por
- 4 łyżki kaszy jaglanej
- 4 łyżki zielonej soczewicy
- kilka gałązek naci pietruszki
- 2 liście laurowe
- pół łyżeczki suszonej bazylii
- pół łyżeczki suszonej kolendry
- ćwierć łyżeczki kurkumy
- 2 szczypty dobrej, nierafinowanej soli
- świeża bazylia

(O) Do garnka wlej ok. dwóch kubków gorącej wody

Wymieszaj, gotuj przez chwilę

(Z) Dodaj marchewkę, pietruszkę i seler pokrojone w plasterki

Wymieszaj, gotuj przez chwilę

(M) Dodaj liście laurowe, bazylię i kolendrę

Wymieszaj, gotuj przez chwilę

(W) Dodaj szczyptę soli i soczewicę

Wymieszaj, gotuj przez chwilę

(D) Dodaj posiekaną natkę pietruszki

Wymieszaj, gotuj przez chwilę

(O) Dodaj kurkumę i jeśli potrzeba, gorącej wody. Powinno jej być tyle, żeby przykrywała warzywa

Wymieszaj, gotuj przez ok. 15 minut, od czasu do czas mieszając.

Do drugiego garnka nalej kubek gorącej wody, dodaj szczyptę soli i opłukaną kaszę jaglaną. Gotuj na niewielkim ogniu przez ok. 12 minut, czyli aż kasza wchłonie wodę.

Do miseczki albo szerokiego kubka nałóż po jednej stronie gorącą, świeżo ugotowaną kaszę jaglaną, po drugiej stronie nalej porcję zupy z soczewicą. Podawaj ze świeżą bazylią.

Zupa na mroźny luty

- **1 marchewka**
- **1 pietruszka**
- **2 ziemniaki**
- **1 burak**
- **dwie garści najmniejszych brukselek**
- **1 mały seler**
- **1 nieduży por**
- **6 łyżek kaszy jaglanej**
- **pół pęczka naci pietruszki**
- **3 liście laurowe**
- **pół łyżeczki suszonej bazylii**
- **pół łyżeczki cząbru**
- **ćwierć łyżeczki mielonego pieprzu**
- **ćwierć łyżeczki kurkumy**
- **szczypta dobrej, nierafinowanej soli**

(O) Do garnka wlej ok. trzech szklanek gorącej wody

Wymieszaj, gotuj przez co najmniej minutę

(Z) Dodaj marchewkę pokrojoną w słupki, pietruszkę pokrojoną w plasterki, selera startego na tarce na dużych oczkach, ziemniaki pokrojone w kostkę i brukselkę bez wierzchnich liści

Wymieszaj, gotuj przez co najmniej minutę

(M) Dodaj liście laurowe, cząber i bazylię oraz por pokrojony w plasterki

Wymieszaj, gotuj przez co najmniej minutę

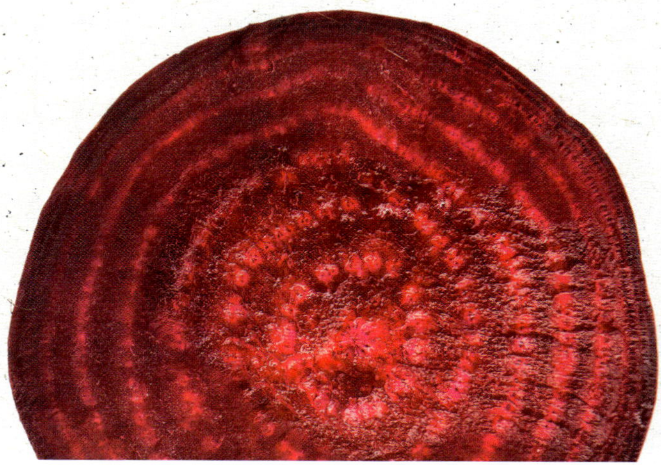

(W) Dodaj szczyptę soli

Wymieszaj, gotuj przez co najmniej minutę

(D) Dodaj posiekaną nać pietruszki

Wymieszaj, gotuj przez co najmniej minutę

(O) Dodaj burak starty na tarce na grubych oczkach, kurkumę i jeśli potrzeba, gorącej wody. Powinno jej być tyle, żeby przykrywała warzywa

Wymieszaj, gotuj pod przykryciem przez co najmniej minutę

(Z) Dodaj opłukaną kaszę jaglaną

Wymieszaj, gotuj na małym ogniu jeszcze ok. 15 minut – aż kasza będzie miękka.

Podawaj ze świeżą bazylią albo natką pietruszki.

Zupa z kalarepki z kaszą jaglaną

- **1 nieduża, jędrna kalarepa**
- **1 młoda marchewka**
- **1 młoda pietruszka z natką**
- **młody mały selerek**
- **1 młody, mały por**
- **1 mały młody ziemniaczek**
- **3 łyżki kaszy jaglanej**
- **2 liście laurowe**
- **2 liście świeżego lubczyku**
- **1 łyżeczka suszonej bazylii**
- **ćwierć łyżeczki kurkumy**
- **1 szczypta dobrej, nierafinowanej soli**

(O) Do garnka wlej ok. dwóch kubków gorącej wody

Wymieszaj, gotuj przez chwilę

(Z) Dodaj marchewkę, pietruszkę i seler pokrojone w plasterki, ziemniak pokrojony w kostkę

Wymieszaj, gotuj przez chwilę

(M) Dodaj liście laurowe, lubczyk i bazylię

Wymieszaj, gotuj przez chwilę

(W) Dodaj szczyptę soli

Wymieszaj, gotuj przez chwilę

(D) Dodaj posiekaną natkę pietruszki

Wymieszaj, gotuj przez chwilę

(O) Dodaj kurkumę i jeśli potrzeba, gorącej wody. Powinno jej być tyle, żeby przykrywała warzywa

Wymieszaj, gotuj przez chwilę

(Z) Dodaj opłukaną kaszę jaglaną i obraną kalarepkę startą na tarce. Ja użyłam tarki typu julienne, która tworzy cienkie wiórki

Wymieszaj dokładnie, gotuj na małym ogniu jeszcze ok. 15 minut od czasu do czasu mieszając.

SAŁATKI

Czerwcowa sałata z rukolą i fasolką

- **4 łyżki kaszy jaglanej**
- **dwie garści zielonej fasolki szparagowej**
- **pół brokułu**
- **miska rukoli**
- **2 szczypty dobrej, nierafinowanej soli**

Do garnka wlej ok. dwóch szklanek gorącej wody, dodaj szczyptę soli, zagotuj.

Fasolkę szparagową umyj, odetnij końcówki, dodaj do wody, gotuj przez kilka minut.

Dodaj brokuł podzielony na mniejsze kawałki, gotuj jeszcze przez ok. 5 minut.

Wyjmij z wody.

Do drugiego małego garnka wlej ok. 1 kubka gorącej wody, zagotuj, dodaj opłukaną kaszę jaglaną i szczyptę soli. Gotuj na niedużym ogniu aż kasza wchłonie wodę.

Usyp żółty kopczyk z kaszy jaglanej pośrodku talerza, dookoła ułóż fasolkę, rukolę i brokuły. Moim zdaniem najlepiej smakuje, kiedy jest jeszcze ciepłe.

Świetnie do tego będzie pasowała miętowa pasta z awokado, przepis znajdziesz na str. 252.

Sałatka z rukolą, papryką i pomidorami

Dobrą sałatkę można zrobić tylko z dobrych, świeżych, zdrowych warzyw.

Najlepiej nadają się do tego młode, soczyste, drobne listki rukoli.

Jeżeli kupujesz ją w sklepie, zwróć uwagę na to jakiej jest wielkości. Duża, przerośnięta rukola jest sztywna, twarda i raczej niesmaczna.

Szukaj rukoli o jak najdrobniejszych listkach i ładnym, żywym, zielonym kolorze. Taka rukola jest delikatna, aromatyczna i ma bardzo charakterystyczny, lekko pikantny smak.

- **2 garści świeżej, młodej rukoli**
- **1 czerwona papryka**
- **2 małe, dojrzałe pomidory**
- **4 łyżki kaszy jaglanej**
- **garść suszonych nasion dyni**
- **szczypta soli**
- **świeże oregano**

Do małego garnka nalej kubek gorącej wody, dodaj szczyptę soli, zagotuj.

Dodaj opłukaną kaszę jaglaną.

Gotuj na niewielkim ogniu przez ok. 12 minut, aż kasza wchłonie wodę.

Liście rukoli umyj, odsącz z wody. Ułóż na jednej czwartej talerza.

Paprykę umyj, odetnij wieczko, usuń gniazdo nasienne, miąższ pokrój w cienkie paski. Rozłóż je na drugiej ćwiartce talerza.

Pomidory umyj, pokrój na wąskie łódeczki, ułóż je na trzeciej ćwiartce talerza.

Na czwartej ćwiartce umieść 3 łyżki jeszcze ciepłej kaszy jaglanej.

Posyp pestkami dyni.

Udekoruj łodyżkami i listkami świeżego oregano.

Do sałatki świetnie pasuje pomarańczowy sos z ciecierzycy – przepis znajdziesz na 260 stronie.

Sałatka z kaszą jaglaną, brokułami i ogórkami małosolnymi

- **4 łyżki kaszy jaglanej**
- **4 dobre, jędrne ogórki małosolne**
- **kawałek brokułu**
- **pęczek szczypiorku**

Kaszę ugotuj z odrobiną soli aż woda odparuje.

Ogórki obierz, pokrój w plasterki.

Brokuł umyj, pokrój na mniejsze kawałki, wrzuć do gorącej wody i gotuj przez 5 minut. Odcedź.

Kaszę przełóż do małej miseczki, ubij, a potem odwróć miskę tak, żeby umieścić ładnie uformowany kopiec kaszy jaglanej na środku talerza.

Dookoła ułóż brokuły, posyp plasterkami ogórka małosolnego i posyp szczypiorkiem.

I spróbuj, jakie to pyszne!

Sałatka z rukolą i ciecierzycą

Ta sałatka wymaga rozpoczęcia poprzedniego dnia wieczorem. Suszoną ciecierzycę zalej wodą i zostaw w misce do namoczenia na całą noc.

- **4 łyżki suszonej ciecierzycy**
- **2 garści różnych sałat – roszponki, rukoli, szpinaku, sałaty masłowej i lodowej**
- **ćwierć brokułu**
- **3 małe pomidorki**
- **nać pietruszki**
- **szczypta dobrej, nierafinowanej soli**

Ciecierzycę odsącz z wody, opłucz, ugotuj w gorącej wodzie ze szczyptą soli aż będzie miękka (ok. 10 minut).

Liście i sałaty umyj, odsącz z wody.

Brokuł podziel na mniejsze cząstki i ugotuj na chrupko. Wystarczy 5 minut.

Rozłóż liście i sałaty na talerzu.

Posyp ciepłą, odsączoną z wody ciecierzycą, dodaj ciepły brokuł, pomidorki pokrojone na ćwiartki, posyp nacią pietruszki.

Podawaj z jaglanym sosem z czosnkiem, orzechami i kolendrą, przepis znajdziesz na str. 239.

Sałatka
z brokułami i papryką

- 1 czerwona papryka
- pół brokułu
- 3 łyżki kaszy jaglanej
- kilka gałązek natki pietruszki
- pół łyżeczki kminku
- ćwierć łyżeczki suszonej kolendry
- kilka plasterków soczystej, młodej marchewki
- świeża kolendra
- szczypta dobrej, nierafinowanej soli

(O) Do małego garnka nalej kubek gorącej wody, zagotuj.

(Z) Dodaj opłukaną kaszę jaglaną.

Wymieszaj, gotuj przez chwilę

(M) Dodaj kminek i kolendrę

Wymieszaj, gotuj przez chwilę

(D) Dodaj posiekaną natkę pietruszki

Wymieszaj, gotuj na niewielkim ogniu przez ok. 12 minut, aż kasza wchłonie wodę.

Do drugiego garnka włóż brokuł pokrojony na małe kawałki, zalej wrzątkiem, gotuj przez ok. 7 minut. Wyjmij z wody.

Paprykę umyj, usuń gniazdo nasienne, miąższ pokrój w wąskie paski.

Nałóż na talerz porcję jeszcze ciepłej kaszy.

Na kaszę połóż brokuły, garść pasków papryki i plasterki marchewki.

Posyp siekaną kolendrą.

Sałatka z dzikim ryżem i cukinią

Łagodny, miękki smak kaszy jaglanej spotyka się z chrupiącym, orzechowym smakiem dzikiego ryżu.

Kasza jaglana pochodzi z Chin, dziki ryż z Ameryki Północnej.

W tym daniu Wschód spotyka się z Zachodem, a towarzyszą im warzywa zielonego lata.

- **2 łyżki ugotowanej kaszy jaglanej**
- **2 łyżki ugotowanego dzikiego ryżu**
- **kawałek cukinii**
- **kawałek brokułu**
- **garść świeżych liści rukoli**
- **3 pomidorki koktajlowe**

Brokuł umyj, pokrój na mniejsze kawałki, cukinię umyj, pokrój w plastry razem ze skórką.

Brokuł i cukinię zalej wrzątkiem i gotuj przez 5 minut. Wyjmij z wody.

Liście rukoli umyj, osusz.

Na talerzu ułóż 2 łyżki ugotowanej kaszy jaglanej, 2 łyżki ugotowanego dzikiego ryżu, obok połóż kawałki brokułu, liście rukoli i pomidorki.

Idealnie będzie do tego pasowała orzechowa pasta z fasoli. Przepis znajdziesz na str. 246.

Sałatka z jarmużem, orzechami i marchewką

- garść świeżych liści młodego jarmużu
- garść liści młodego szpinaku i rukoli
- garść połówek orzechów włoskich
- 1 soczysta marchewka
- kilka pomidorków koktajlowych
- 3 łyżki kaszy jaglanej
- szczypta soli
- gałązka ulubionych ziół

Do małego garnka nalej kubek gorącej wody, dodaj szczyptę soli, zagotuj.

Dodaj opłukaną kaszę jaglaną.

Gotuj na niewielkim ogniu przez ok. 12 minut, czyli aż kasza wchłonie wodę.

Do drugiego garnka włóż liście jarmużu porwane palcami na mniejsze kawałki, zalej wrzątkiem i gotuj przez ok. 5 minut.

Jarmuż podczas gotowania nie traci wielu wartości odżywczych, a staje się dzięki temu lżej strawny.

Wyjmij jarmuż z wody, odsącz.

Liście szpinaku i rukoli umyj, odsącz z wody.

Marchewkę obierz, zetrzyj na wiórki (ja używam tarki typu julienne).

W misce na dnie ułóż liście szpinaku, rukoli i jarmużu.

Dodaj wiórki marchewki.

Nasyp orzechy.

Na wierzch nałóż dwie czubate łyżki jeszcze ciepłej kaszy jaglanej.

Rozłóż dookoła pomidorki przekrojone na ćwiartki.

Dodaj gałązkę ulubionych ziół. Ja używam świeżego majeranku.

Jeśli lubisz bardziej wilgotne smaki, bardzo dobrze będzie tu pasowała orzechowa pasta z amarantusem, przepis znajdziesz na str. 255.

Sałatka ze szpinakiem, brokułami i kaszą

- garść świeżych liści szpinaku
- pół brokułu
- 3 łyżki kaszy jaglanej
- kilka liści rukoli
- pół pomidora
- świeża kolendra

Do małego garnka nalej kubek gorącej wody, dodaj szczyptę soli, zagotuj.

Dodaj opłukaną kaszę jaglaną.

Gotuj na niewielkim ogniu przez ok. 15 minut, czyli aż kasza wchłonie wodę.

Do drugiego garnka włóż brokuł pokrojony na małe kawałki, zalej wrzątkiem, gotuj przez ok. 7 minut. Wyjmij z wody.

Pośrodku półmiska postaw miseczkę z gorącą, świeżo ugotowaną kaszą jaglaną.

Liście szpinaku i rukoli umyj, osącz z wody, ułóż na półmisku.

Na liściach połóż jeszcze ciepłe kawałki brokułu, dodaj pomidora dla ozdoby. Posyp siekaną kolendrą.

Możesz też dodać pomarańczowy sos ze świeżą bazylią – przepis znajdziesz na str. 258.

To jest świetne danie na wakacyjną, lekką kolację.

Sałatka
z rukolą i orzechami

- **pół kubka ugotowanej kaszy jaglanej**
- **3 garści rukoli**
- **ćwierć czerwonej papryki**
- **4 pomidorki koktajlowe**
- **garść orzechów włoskich**
- **kilka gałązek świeżej kolendry**

Rukolę umyj i osusz.

Paprykę umyj, pokrój w dość cienkie paski.
Pomidorki umyj, pokrój na ćwiartki.
Orzechy z grubsza posiekaj.

Kaszę jaglaną usyp w kopczyk na środku talerza.
Dookoła ułóż gałązki rukoli, pomidorki i paski papryki.
Posyp orzechami i kolendrą.
Możesz też dodać migdałowy sos ze świeżym oregano – przepis znajdziesz na stronie 244.

Sałatka z roszponką i selerem naciowym

- 1 garść świeżej roszponki
- 1 garść rukoli
- ćwierć brokułu
- 2 łodygi selera naciowego
- 3 małe pomidorki
- koperek
- pół kubka świeżo ugotowanej, jeszcze ciepłej kaszy jaglanej

Kaszę jaglaną ugotuj w gorącej wodzie z dodatkiem szczypty soli.

Roszponkę i rukolę umyj, odsącz z wody.

Brokuł podziel na mniejsze cząstki i ugotuj na parze albo wrzuć do małej ilości gotującej się wody. Wystarczy gotować go przez ok. 5 minut, żeby był chrupki.

Rozłóż roszponkę i rukolę na talerzu.

Dodaj seler pokrojony na plasterki, ciepły brokuł, pomidorki pokrojone na ćwiartki, posyp posiekanym koperkiem.

Podawaj ze świeżo ugotowaną kaszą jaglaną.

Do tej sałatki bardzo dobrze pasuje jabłkowy sos z majerankiem – przepis znajdziesz na str. 243.

Sałatka z roszponką, brokułami i jaglanym sosem

- **garść świeżej roszponki**
- **kilka liści młodej rukoli**
- **ćwierć brokułu**
- **4 pomidorki koktajlowe**
- **sos jaglany – przepis znajdziesz na str. 239 (czosnkowy sos)**

Liście roszponki i rukoli umyj, osusz. Upewnij się, że wszystkie liście są zdrowe, jędrne, bez przebarwień. Podwiędłe liście nie będą smaczne.

Brokuł podziel na małe kawałki, zalej wrzątkiem, obgotuj przez 5–7 minut. Wyjmij z wody. Jeśli zostawisz go w wodzie, brokuł straci ładny zielony kolor i jędrność.

Na talerzu ułóż liście roszponki i rukoli.

Na nich umieść obgotowany, jeszcze ciepły brokuł i pomidorki.

Sos możesz podać w miseczce albo polać nim bezpośrednio warzywa.

Sałatka ze szpinakiem, jarmużem i kalafiorem

- **pół kubka świeżo ugotowanej, jeszcze ciepłej kaszy jaglanej**
- **1 garść świeżych liści młodego szpinaku**
- **2–3 liście młodego jarmużu**
- **ćwierć kalafiora**
- **2 małe pomidorki**
- **kilka gałązek świeżej kolendry**

Kaszę jaglaną ugotuj w gorącej wodzie z dodatkiem szczypty soli.

Liście szpinaku umyj, odsącz z wody.

Jeżeli liście jarmużu są młode i soczyste, możesz je zostawić surowe.

Jeżeli są trochę starsze i sztywne, wrzuć je na 5 minut do gotującej się wody. Potem wyjmij z garnka i odsącz.

Kalafior podziel na małe kawałki, ugotuj na parze (ok. 10 minut) albo wrzuć do małej ilości gotującej się wody i krótko obgotuj. Wystarczy 5–7 minut, żeby był chrupki.

Pomidorki umyj, pokrój na ćwiartki.

Gałązki kolendry umyj i posiekaj.

Na małym półmisku rozłóż zielone liście szpinaku i jarmużu.

Pośrodku usyp kopczyk świeżo ugotowanej, jeszcze ciepłej kaszy jaglanej.

Dookoła rozłóż kalafiora i pomidorki.

Posyp siekaną kolendrą.

Doskonale pasuje do tego pomidorowy sos ze szpinakiem – przepis znajdziesz na str. 262.

Wiosenna sałata
z botwinką i młodą kapustą

Zdziwisz się, jak pysznie smakują młode buraczki z łagodną kaszą jaglaną i pikantną młodą kapustą ☺

- **pęczek botwinki**
- **garść młodej kiszonej kapusty**
- **garść rukoli**
- **4 łyżki kaszy jaglanej**
- **2 szczypty soli**

Botwinkę umyj, pokrój na małe kawałki razem z liśćmi i buraczkami. Zalej wrzątkiem, dodaj szczyptę soli i obgotuj aż będzie miękka – wystarczy 10 minut. Odlej nadmiar wody.

W drugim garnku zagotuj kubek wody, dodaj szczyptę soli i opłukaną kaszę jaglaną. Gotuj na średnim ogniu aż kasza wchłonie wodę i spęcznieje (ok. 12 minut).

Rukolę umyj, osusz.

Świeżo ugotowaną kaszę włóż do małej miseczki, lekko ubij, a potem przykryj talerzem. Odwróć talerz z miseczką do góry nogami. Puknij w dno miseczki. Na talerzu powinna zostać zgrabna górka ciepłej, parującej kaszy.

Umieść obok garść rukoli, kilka łyżek obgotowanych buraczków razem z liśćmi i porcję świeżej, młodej kapustki.

SOSY, DIPY I PASTY DO KANAPEK

Bananowy sos z figami

To będzie idealny sos do kaszy jaglanej, do naleśników, racuchów i dla łasuchów jako samodzielny deser.

- **10 łyżek soku świeżo wyciśniętego z pomarańczy**
- **10 łyżek niesolonych orzeszków ziemnych**
- **1 banan**
- **3 figi**

Sok z pomarańczy musi być świeżo wyciśnięty z prawdziwych owoców, najlepiej z wyciskarki ślimakowej, gdzie możesz włożyć pomarańcze razem z białym zewnętrznym miąższem, który nada mu specyficzny smak i odpowiednią gęstość.

Banana i figi pokrój na mniejsze kawałki, dodaj orzeszki i sok, zmiksuj w malakserze. Zależnie od tego czy chcesz mieć bardziej gęsty deser czy bardziej płynny sos, dodaj mniej albo więcej soku z pomarańczy.

Czekoladowy sos ze śliwkami

Świetny do kaszy jaglanej ugotowanej z odrobiną soli, do placków i lodów.

- **10 łyżek soku świeżo wyciśniętego z pomarańczy**
- **10 łyżek płatków migdałowych**
- **1 banan**
- **1 czubata łyżka dobrego, czarnego kakao**
- **6 suszonych śliwek**
- **kawałek gorzkiej czekolady**

Namawiam cię, żeby użyć soku wyciśniętego z prawdziwej pomarańczy. Nie da się go zastąpić sokiem z kartonu.

Banana i śliwki pokrój na mniejsze kawałki, dodaj płatki, sok i kakao, zmiksuj w malakserze.

Podawaj z wiórkami tartej czekolady.

Czosnkowy sos z rukolą, orzechami i kolendrą

Intensywny, pikantny sos, który ożywi każde danie, kanapkę i sałatkę.

- **2 ząbki czosnku**
- **2 garści świeżej, soczystej rukoli**
- **6 łyżek niesolonych orzeszków ziemnych**
- **2 pomidory**
- **4 łyżki ugotowanej, ciepłej kaszy jaglanej**
- **garść gałązek świeżej kolendry**
- **szczypta soli i pieprzu**

Umyj rukolę, czosnek pokrój na ćwiartki, pomidory pokrój na małe kawałki, włóż do malaksera, dodaj pozostałe składniki i zmiksuj na gładką masę. Jeżeli będzie za gęsta, możesz dolać soku wyciśniętego ze świeżych pomidorów albo innych warzyw.

Dyniowa pasta
z papryczką chilli

- **pół kubka ugotowanej dyni**
- **1 mała ugotowana marchewka**
- **pół kubka niesolonych orzeszków ziemnych**
- **3 łyżki świeżo ugotowanej kaszy jaglanej**
- **pół pomidora**
- **garść natki pietruszki**
- **mały kawałek ostrej papryczki chilli albo szczypta suszonej**

Zmiksuj wszystkie składniki na gładką masę.

Jabłkowy sos ze świeżym majerankiem

- **10 łyżek świeżo wyciśniętego soku z jabłek**
- **8 łyżek niesolonych orzeszków ziemnych**
- **4 łyżki ugotowanej kaszy jaglanej**
- **pół dojrzałego awokado bez skórki**
- **2 garści liści młodego szpinaku**
- **garść gałązek świeżego majeranku**
- **szczypta soli i pieprzu**

Świeży sok z jabłek wniesie nutę świeżości.

Kaszę jaglaną ugotuj w wodzie z dodatkiem soli.

Umyj szpinak, awokado pokrój w małe kawałki, zmiksuj w malakserze z pozostałymi składnikami na gładką masę.

Migdałowy sos ze świeżym oregano

- **10 łyżek płatków migdałowych**
- **10 łyżek soku świeżo wyciśniętego z pomarańczy albo mandarynek**
- **1 garść świeżej rukoli**
- **1 garść roszponki**
- **pół dojrzałego awokado bez skórki**
- **garść gałązek świeżego oregano**
- **pół łyżeczki suszonego oregano**
- **szczypta soli i pieprzu**

Sok z pomarańczy albo mandarynek musi być świeżo wyciśnięty z prawdziwych owoców, bo tylko taki sok ma odpowiednią słodycz i gęstość, lekko pikantny aromat i nasącza cały sos specyficznym smakiem, zapachem i nadaje mu odpowiednią konsystencję.

Umyj rukolę i roszponkę, awokado pokrój na małe kawałki, włóż do malaksera, dodaj pozostałe składniki i zmiksuj na gładką masę. Jeżeli będzie za gęsta, możesz dodać więcej soku z owoców.

Orzechowa pasta z fasoli

Wieczorem poprzedniego dnia zalej ciecierzycę i fasolę wodą i zostaw na noc do namoczenia.

- **3 łyżki suszonej czerwonej fasoli**
- **3 łyżki suszonej ciecierzycy**
- **garść łuskanych orzechów włoskich**
- **garść nasion słonecznika**
- **garść świeżych ziół: kolendry, natki pietruszki, tymianku i rukoli**
- **2 łyżki świeżo ugotowanej kaszy jaglanej**
- **łyżka świeżo wyciśniętego soku z pomarańczy**

Fasolę i ciecierzycę opłucz, odsącz, zalej gorącą wodą i ugotuj do miękkości (ok. 20 minut). Odsącz.

Zmiksuj wszystkie składniki.

Ta pasta świetnie smakuje jako dodatek do chleba i sałatek.

Orzechowy sos z awokado

- **10 łyżek świeżo wyciśniętego soku z pomarańczy**
- **10 łyżek orzechów nerkowca**
- **pół dojrzałego awokado bez skórki**
- **dwie garści umytej rukoli**
- **szczypta soli i pieprzu**

Nie dziw się, że do wytrawnego sosu dodałam sok wyciśnięty z pomarańczy. Nadaje całości lekko pikantnego, kwaskowatego smaku.

Wszystkie składniki umieść w malakserze i zmiksuj na gładką masę.

W razie potrzeby możesz dodać trochę więcej soku, ale musi to być sok świeżo wyciśnięty z pomarańczy (a nie z kartonu).

Pasta brokułowa z kolendrą

- **pół brokułu**
- **1 dobry, malinowy pomidor**
- **pół kubka niesolonych orzeszków ziemnych**
- **garść suszonych nasion dyni**
- **garść świeżych ziół: natki pietruszki, rukoli, kolendry, szczypiorku**
- **3 łyżki świeżo ugotowanej, jeszcze ciepłej kaszy jaglanej**
- **szczypta soli i pieprzu**
- **łyżka świeżo wyciśniętego soku z limonki, cytryny albo pomarańczy**

Brokuł pokrój na mniejsze kawałki, zalej wrzątkiem i gotuj przez kilka minut, żeby zmiękł. Odsącz.

Pomidora pokrój na mniejsze kawałki.

Zmiksuj wszystkie składniki w malakserze.

Podawaj z gałązką świeżej kolendry albo natki pietruszki.

Pasta miętowa z awokado

- **1 dojrzałe, miękkie awokado**
- **pół kubka niesolonych orzeszków ziemnych**
- **garść świeżej natki pietruszki, listków świeżego oregano oraz świeżej mięty**
- **3 łyżki świeżo ugotowanej, jeszcze ciepłej kaszy jaglanej**
- **szczypta soli i pieprzu**
- **kilka kropli soku z limonki lub cytryny**

Awokado obierz ze skórki, wyjmij pestkę.

Zmiksuj wszystkie składniki w malakserze.

Pasta świetna do kanapek z domowego chleba na zakwasie albo do sałatek.

Pasta orzechowa z amarantusem

- **1 dojrzałe, miękkie awokado**
- **duża garść łuskanych orzechów włoskich**
- **duża garść ziół: świeżej kolendry, natki pietruszki i świeżego majeranku**
- **pół kubka ekspandowanego amarantusa**
- **2 łyżki świeżo ugotowanej, jeszcze ciepłej kaszy jaglanej**

Zmiksuj w malakserze na gładką masę.

Pasta z fasoli
i suszonych pomidorów

Wieczorem poprzedniego dnia zalej fasolę wodą i zostaw na noc do namoczenia.

- **4 łyżki suszonej czerwonej fasoli**
- **pół kubka niesolonych orzeszków ziemnych**
- **garść świeżej kolendry i natki pietruszki**
- **kilka suszonych pomidorów**
- **szczypta pieprzu**

Fasolę opłucz, odsącz i ugotuj do miękkości (ok. 15 minut). Odlej wodę.

Zmiksuj wszystkie składniki.

Możesz dodać do tej pasty dwie łyżki ugotowanej kaszy jaglanej.

Z kaszą lub bez ta fasolowa pasta świetnie pasuje do jaglanych sałatek.

Pomarańczowy sos ze świeżą bazylią

- **10 łyżki świeżo wyciśniętego soku z pomarańczy**
- **10 łyżek niesolonych orzeszków ziemnych**
- **10 łyżek selera naciowego pokrojonego w plasterki**
- **25 listków świeżej bazylii**
- **szczypta soli i pieprzu**

Sok pomarańczowy dodaje egzotyczną, lekko słodką, pikantną nutę.

Musi to być sok świeżo wyciśnięty z pomarańczy, najlepiej w wyciskarce i najlepiej z pomarańczy lekko tylko okrojonej z wierzchniej pomarańczowej skórki, czyli razem z białym miąższem. Taki sok jest gęsty i aksamitny.

Zmiksuj w malakserze.

Zależnie od tego jak soczysty będzie seler, możesz dodać trochę więcej lub mniej soku pomarańczowego.

Pomarańczowy sos z ciecierzycy

Poprzedniego dnia wieczorem zalej ciecierzycę zimną wodą i zostaw na noc do namoczenia.

- **4 łyżki suszonej ciecierzycy**
- **6 łyżek soku wyciśniętego z pomarańczy**
- **pół czerwonej papryki**
- **pół pęczka świeżej kolendry**
- **ćwierć łyżeczki kurkumy**
- **szczypta soli i pieprzu**

Ciecierzycę odsącz z wody, przepłucz, ugotuj do miękkości w gorącej wodzie przez ok. 15 minut. Odsącz z wody.

Paprykę pokrój na małe kawałki, włóż do malaksera, dodaj wszystkie pozostałe składniki i zmiksuj na gładką masę. Jeżeli będzie za gęsta, możesz dodać więcej soku wyciśniętego z pomarańczy albo z czerwonej papryki.

Pomidorowy sos ze szpinakiem

- **5 łyżek świeżo wyciśniętego soku z pomarańczy**
- **10 łyżek niesolonych orzeszków ziemnych**
- **pół dojrzałego awokado bez skórki**
- **1 dobry, dojrzały pomidor**
- **garść liści młodego szpinaku**
- **garść rukoli**
- **2 łyżki siekanej naci pietruszki**
- **szczypta soli i pieprzu**

Sok z pomarańczy musi być świeżo wyciśnięty.
Nada całości bardzo przyjemną, tropikalną nutę.

Wszystkie składniki umyj, pomidora i awokado pokrój w małe kawałki, zmiksuj w malakserze i zmiksuj na gładką masę.

Ten sos pasuje do wszystkiego. Do makaronu, do zielonej sałaty, do kaszy jaglanej i do kanapki.

CIASTA I CIASTKA

Brzoskwiniowe ciastka z orzechami włoskimi

- 2 średnie banany
- 3 soczyste brzoskwinie
- 3 garści łuskanych włoskich orzechów
- 1 garść nasion słonecznika
- 4 suszone figi
- garść ciemnych rodzynek
- 2 łyżki sezamu
- 1 łyżeczka kurkumy
- 4 łyżki mąki gryczanej
- 4 łyżki kaszy jaglanej
- pół tabliczki gorzkiej czekolady
- szczypta soli

Do małego garnka wlej około kubka gorącej wody, zagotuj, dodaj opłukaną kaszę jaglaną i sól, gotuj na niewielkim ogniu ok. 15 minut – aż kasza spęcznieje i wchłonie wodę.

W czasie kiedy kasza będzie się gotowała:

Banany rozgnieć widelcem na papkę, przełóż do szklanej miski.

Dodaj brzoskwinie starte ze skórką na tarce na grubych oczkach, razem z sokiem.

Wymieszaj.

Dodaj rodzynki, figi pokrojone w plasterki, sezam, słonecznik i z grubsza posiekane orzechy, wymieszaj.

Dodaj kurkumę, wymieszaj.

W tym momencie kasza powinna być już gotowa.
Dodaj gorącą kaszę do miski, wymieszaj.
Dodaj mąkę gryczaną, wymieszaj.

Masa powinna mieć taką konsystencję, żeby można było łyżką nakładać porcje na blachę do pieczenia. Jeśli jest zbyt rzadka – dodaj mąki.
Na blasze rozłóż arkusz papieru do pieczenia, łyżką nakładaj na nią małe, płaskie porcje.
Piecz w temp. 195 stopni przez 30 minut.

Czekoladę zetrzyj na tarce na małych oczkach.
Łyżeczką nałóż tartą czekoladę na gorące ciastka, wtedy ładnie się roztopi.
Można jeść od razu.

Ciastka z owocami leśnymi

- **2 niewielkie banany**
- **1 soczysta brzoskwinia**
- **pół kubka małych truskawek, poziomek i borówek albo jagód**
- **2 garści nasion słonecznika**
- **2 garści nasion dyni**
- **garść ciemnych rodzynek**
- **garść łuskanych włoskich orzechów**
- **5 suszonych daktyli**
- **1 łyżeczka kurkumy**
- **1 łyżeczka cynamonu**
- **4 łyżki mąki jęczmiennej**
- **4 łyżki kaszy jaglanej**
- **pół tabliczki gorzkiej czekolady**
- **szczypta soli**

Do małego garnka wlej około kubka gorącej wody, zagotuj, dodaj opłukaną kaszę jaglaną i sól, gotuj na niewielkim ogniu ok. 15 minut – aż kasza spęcznieje i wchłonie wodę.

W czasie kiedy kasza będzie się gotowała:

Banany rozgnieć widelcem na papkę, przełóż do szklanej miski.

Dodaj brzoskwinię startą ze skórką na tarce na grubych oczkach, razem z sokiem. Najlepiej ścierać brzoskwinię bezpośrednio do miski z bananem.

Dodaj truskawki pokrojone w plasterki, poziomki i borówki.

Wymieszaj.

Dodaj rodzynki, daktyle pokrojone w plasterki oraz orzechy z grubsza posiekane, słonecznik i nasiona dyni, wymieszaj.

Dodaj kurkumę i cynamon, wymieszaj.

W tym momencie kasza powinna być już gotowa.

Dodaj gorącą kaszę do miski, wymieszaj.

Dodaj mąkę jęczmienną, wymieszaj.

Masa powinna mieć taką konsystencję, żeby można było łyżką nakładać porcje na blachę do pieczenia.

Na blasze rozłóż arkusz papieru do pieczenia, łyżką nakładaj na nią małe, płaskie porcje.

Piecz w temp. 195 stopni przez 30 minut.

Czekoladę zetrzyj na tarce na małych oczkach.

Łyżeczką nałóż tartą czekoladę na gorące ciastka, wtedy ładnie się roztopi.

I jedz od razu ☺

Ciasto kokosowe z bakaliami

- 7 łyżek kaszy jaglanej
- pół słodkiego, soczystego jabłka (ja użyłam ligola)
- 1 marchewka
- ok. pół szklanki świeżo wyciśniętego soku z pomarańczy
- 1 szklanka wiórków kokosowych
- niecała szklanka ciemnych rodzynek
- 5 suszonych fig
- 5 suszonych daktyli
- 1 garść z grubsza posiekanych orzechów pekan
- 8 orzechów brazylijskich pokrojonych w plasterki
- 1 łyżeczka kurkumy
- 4 łyżki mąki jaglanej
- 7 łyżek mąki gryczanej
- pół tabliczki gorzkiej czekolady

Do garnka wlej ok. dwóch szklanek gorącej wody.

Dodaj opłukaną kaszę jaglaną i ćwierć łyżeczki dobrej, nierafinowanej soli. Gotuj na małym ogniu, od czasu do czasu mieszając, aż kasza będzie miękka i wchłonie całą wodę.

W misce wymieszaj: sok z pomarańczy, jabłko starte na grubej tarce ze skórką, marchewkę startą na drobnej tarce, rodzynki, figi i daktyle pokrojone w paseczki, wiórki kokosowe, orzechy, kurkumę.

Dodaj gorącą kaszę, dokładnie wymieszaj.

Dodaj mąkę gryczaną i jaglaną, wymieszaj.

Przełóż do foremki wyłożonej papierem do pieczenia.

Piecz przez 45 minut w temperaturze 180 stopni.

Po upieczeniu wyjmij gorące ciasto z piekarnika i posyp je na wierzchu czekoladą startą na tarce na drobnych oczkach. Czekolada szybko się roztopi i utworzy pyszną polewę.

Po ostygnięciu pokrój na kawałki i udekoruj wiórkami kokosowymi.

Ciasto marchewkowe z pomarańczami i czekoladą

To jest moje ulubione ciasto! Absolutnie i 100% zdrowe – bez cukru i słodzików, bez białej mąki, bez masła, bez margaryny i oleju, bez jajek, bez śmietany i innych rzeczy, z których zwykle robi się słodycze.

Jest pyszne, bardzo aromatyczne i słodkie – i zrobione wyłącznie ze zdrowych rzeczy!!!

Proporcje na jedną małą foremkę:

- **sok świeżo wyciśnięty z 1 pomarańczy**
- **1 marchewka**
- **1 duża garść dobrych, ciemnych rodzynek**
- **2 suszone figi**
- **7 łyżek kaszy jaglanej**
- **5 łyżek mąki gryczanej**
- **7 łyżek mąki jaglanej**
- **garść orzechów włoskich**
- **pół tabliczki dobrej gorzkiej czekolady**

Pomarańczę umyj, sparz, zetrzyj zewnętrzną skórkę na tarce. Skórkę odłóż na bok, przyda ci się na koniec. Z pomarańczy wyciśnij sok.

Kaszę jaglaną wrzuć do ok. dwóch kubków gorącej wody z odrobiną soli (w proporcji 3:1), ugotuj do miękkości i aż odparuje cała woda (ok. 15 minut).

Marchewkę zetrzyj na tarce na drobnych oczkach albo na wiórki typu Julienne.

W misce wymieszaj: sok z pomarańczy, marchewkę, rodzynki i figi pokrojone w paseczki. Dodaj gorącą kaszę, wymieszaj.

Dodaj z grubsza posiekane orzechy włoskie, wymieszaj.

Dodaj mąkę gryczaną i jaglaną, wymieszaj.

Przełóż do foremki wyłożonej papierem do pieczenia.

Piecz przez 45 minut w temperaturze 180 stopni.

Po upieczeniu wyjmij gorące ciasto z piekarnika i posyp je na wierzchu czekoladą startą na tarce na małych oczkach.

Kiedy czekolada lekko się roztopi, posyp ją skórką pomarańczową.

To ciasto jest pyszne na gorąco i równie fantastyczne na zimno.

Mazurek migdałowy

- **sok świeżo wyciśnięty z 1 pomarańczy**
- **7 łyżek kaszy jaglanej**
- **1 marchewka**
- **niecała szklanka migdałów w płatkach**
- **niecała szklanka ciemnych rodzynek**
- **pół szklanki nasion słonecznika**
- **5 suszonych fig**
- **5 łyżek mąki jaglanej**
- **7 łyżek mąki gryczanej**
- **pół tabliczki gorzkiej czekolady**

Kaszę jaglaną wrzuć do gorącej wody z odrobiną soli (w proporcji 3:1), ugotuj do miękkości i aż odparuje cała woda.

Marchewkę zetrzyj na tarce na drobnych oczkach albo na wiórki typu Julienne.

Wyciśnij sok z pomarańczy.

W misce wymieszaj: sok z pomarańczy, startą marchewkę, rodzynki, słonecznik, płatki migdałów i figi pokrojone w paseczki.

Dodaj gorącą kaszę, wymieszaj.

Dodaj mąkę gryczaną i jaglaną, wymieszaj.

Przełóż do foremki wyłożonej papierem do pieczenia.

Piecz przez 45 minut w temperaturze 180 stopni.

Po upieczeniu wyjmij gorące ciasto z piekarnika i posyp je na wierzchu czekoladą startą na tarce na małych oczkach i posyp płatkami migdałowymi.

Ciasto truskawkowe z czekoladą

- **5 łyżek kaszy jaglanej**
- **20 świeżych truskawek**
- **1 garść nasion słonecznika**
- **1 garść nasion dyni**
- **1 garść siemienia lnianego**
- **2 garści ciemnych rodzynek**
- **4 garści łuskanych orzechów włoskich**
- **7 suszonych fig**
- **4 łyżki mąki gryczanej**
- **4 łyżki mąki jęczmiennej**
- **4 czubate łyżki płatków owsianych**
- **pół tabliczki gorzkiej czekolady**
- **ćwierć łyżeczki + pół łyżeczki dobrej, nierafinowanej soli**

Do garnka wlej ok. dwóch kubków gorącej wody, zagotuj.

Dodaj opłukaną kaszę jaglaną i ćwierć łyżeczki dobrej, nierafinowanej soli. Gotuj na małym ogniu, od czasu do czasu mieszając, aż kasza będzie miękka i wchłonie całą wodę (ok. 15 minut).

Truskawki umyj, oderwij szypułki. Pokrój na plasterki. Przełóż do miski.

Dodaj rodzynki, figi pokrojone w paseczki, nasiona słonecznika i dyni, siemię lniane, orzechy z grubsza posiekane nożem, pół łyżeczki soli, wymieszaj.

Dodaj gorącą kaszę, dokładnie wymieszaj.

Dodaj mąkę gryczaną i jęczmienną, wymieszaj.

Przełóż do foremki wyłożonej papierem do pieczenia.

Piecz przez 45 minut w temperaturze 180 stopni.

Po upieczeniu wyjmij gorące ciasto z piekarnika i posyp je na wierzchu czekoladą startą na tarce na małych oczkach. Kiedy ostygnie, pokrój na kawałki i udekoruj plasterkami truskawek.

Cynamonowy jabłecznik z kaszą jaglaną

- 2 banany
- 3 słodkie, soczyste jabłka (ja użyłam odmiany ligol)
- 6 łyżek kaszy jaglanej
- 6 łyżek mąki jęczmiennej
- 6 łyżek mąki jaglanej
- 7 łyżek płatków owsianych
- 6 suszonych daktyli
- 4 suszone figi
- 2 łyżki siemienia lnianego
- 2 garści nasion dyni
- 2 garści nasion słonecznika
- 3 goździki
- 1 łyżeczka cynamonu
- 1 łyżeczka kurkumy

Kaszą jaglaną opłucz, wrzuć do lekko osolonej wody (w proporcji 1:3) i gotuj aż kasza spęcznieje, wchłonie nadmiar wody i zamieni się w gęstą papkę.

W międzyczasie jabłka dokładnie umyj i zetrzyj ze skórką na tarce na grubych oczkach.

Banany rozgnieć widelcem na papkę.

Wymieszaj banany z jabłkami, dodaj cynamon, kurkumę i goździki.

Dodaj gorącą kaszę jaglaną, wymieszaj.

Daktyle i figi pokrój w paseczki, dodaj je do masy razem z pozostałymi składnikami.

Podłużną foremkę wyłóż papierem do pieczenia. Wypełnij ją masą, posyp na wierzchu nasionami słonecznika.

Piecz w 175 stopniach przez 55 minut.

Pyszne!

Czekoladowe ciastka z amarantusem

- 2 średnie banany
- 1 dojrzała gruszka
- 2 garści niesolonych orzechów nerkowca
- 1 garść nasion słonecznika
- pół kubka ciemnych rodzynek
- 5 suszonych daktyli
- 1 tabliczka gorzkiej czekolady
- 2 łyżki ciemnego kakao
- 1 łyżeczka cynamonu
- 1 łyżeczka kurkumy
- pół kubka ekspandowanego amarantusa
- 2 łyżki mąki jaglanej
- 4 łyżki kaszy jaglanej
- szczypta soli

Do małego garnka wlej około kubka gorącej wody, zagotuj, dodaj opłukaną kaszę jaglaną i sól, gotuj na niewielkim ogniu ok. 15 minut – aż kasza spęcznieje i wchłonie wodę.

W czasie kiedy kasza będzie się gotowała:

Banany rozgnieć widelcem na papkę, przełóż do szklanej miski.

Dodaj gruszkę startą ze skórką na tarce na grubych oczkach, razem z sokiem.

Wymieszaj.

Dodaj rodzynki, daktyle pokrojone w plasterki, słonecznik i z grubsza posiekane orzechy, wymieszaj.

Dodaj cynamon i kurkumę, wymieszaj.

Dodaj kakao i drobno pokruszoną połowę czekolady. Możesz ją pokruszyć w malakserze albo drobno pokroić nożem, wymieszaj.

Dodaj ugotowaną, gorącą kaszę do miski, wymieszaj.

Dodaj amarantus i mąkę jaglaną, wymieszaj.

Na blasze rozłóż arkusz papieru do pieczenia, łyżką nakładaj na nią małe, płaskie porcje.

Piecz w temp. 195 stopni przez 30 minut.

Czekoladę zetrzyj na tarce na małych oczkach.

Łyżeczką nałóż tartą czekoladę na gorące ciastka, wtedy ładnie się roztopi.

Jabłkowe ciastka z migdałami

- 2 średnie banany
- 1 soczyste, słodkie jabłko
- 2 garści nasion dyni
- 2 garści nasion słonecznika
- niecały kubek płatków migdałowych
- pół kubka ciemnych rodzynek
- 5 suszonych daktyli
- 1 łyżeczka cynamonu
- 1 łyżeczka kurkumy
- 2 goździki
- szczypta kardamonu
- 4 łyżki mąki jaglanej
- 4 łyżki kaszy jaglanej
- szczypta soli

Do małego garnka wlej około kubka gorącej wody, zagotuj, dodaj opłukaną kaszę jaglaną, goździki i sól, gotuj na niewielkim ogniu ok. 15 minut – aż kasza spęcznieje i wchłonie wodę.

W czasie kiedy kasza będzie się gotowała:

Banany rozgnieć widelcem na papkę, przełóż do szklanej miski.

Dodaj jabłko starte ze skórką na tarce na grubych oczkach, razem z sokiem.

Wymieszaj.

Dodaj rodzynki, daktyle pokrojone w plasterki, słonecznik, nasiona dyni i płatki migdałowe, wymieszaj.

Dodaj cynamon, kurkumę i kardamon, wymieszaj.

Dodaj ugotowaną, gorącą kaszę (bez goździków), wymieszaj.

Dodaj mąkę jaglaną, wymieszaj.

Na blasze rozłóż arkusz papieru do pieczenia, łyżką nakładaj na nią małe, płaskie porcje.

Piecz w temp. 195 stopni przez 30 minut.

Jaglany placek z mango

- **1 duże, dojrzałe, słodkie, soczyste mango**
- **pół kubka świeżo wyciśniętego soku z pomarańczy**
- **6 łyżek kaszy jaglanej**
- **2 garści grubych płatków owsianych grubych, czyli nie „błyskawicznych"**
- **1 kubek ciemnych rodzynek**
- **1 garść nasion słonecznika**
- **1 garść sezamu**
- **4 garści orzechów pekan**
- **5 suszonych fig**
- **pół łyżeczki kurkumy**
- **2 łyżki mąki gryczanej**
- **2 łyżki mąki jęczmiennej**
- **pół tabliczki gorzkiej czekolady**

Do garnka wlej ok. dwóch kubków gorącej wody, zagotuj.

Dodaj opłukaną kaszę jaglaną i ćwierć łyżeczki dobrej, nierafinowanej soli. Gotuj na małym ogniu, od czasu do czasu mieszając, aż kasza będzie miękka i wchłonie całą wodę (ok. 15 minut).

Mango umyj, natnij nożem wzdłuż dookoła aż do pestki. Chwyć mango w pionie między dwie dłonie i przekręć dłońmi w przeciwnych kierunkach, czyli jedną dłonią do siebie, a drugą od siebie. Chodzi o to, żeby oderwać miąższ od pestki. Jeśli dobrze przekręcisz, otrzymasz dwie połówki owocu. W jednym będzie pestka.

Chwyć jedną połówkę w dwie dłonie, złap palcami za skórkę tuż przy krawędzi, a pozostałymi palcami wypchnij środek owocu na lewą stronę. Dzięki temu łatwo oddzielisz miąższ od skórki.

Tak samo zrób z drugą połówką.

Rób to nad dużą miską, bo będzie kapał sok, którego nie chcesz zmarnować.

Resztę miąższu możesz zeskrobać nożem ze skórki.

Posiekaj miąższ mango nożem na małe kawałki. Zostaw trochę miąższu do dekoracji, resztę dodaj do miski z sokiem.

Dodaj rodzynki, z grubsza posiekane orzechy pekan i orzechy brazylijskie pokrojone w plasterki. Dodaj sok z pomarańczy, sezam, nasiona słonecznika, kurkumę i figi pokrojone w plasterki. Wymieszaj dokładnie.

Dodaj gorącą kaszę, dokładnie wymieszaj.

Dodaj płatki owsiane, mąkę gryczaną i jęczmienną, dokładnie wymieszaj.

Przełóż do foremki wyłożonej papierem do pieczenia.

Piecz przez 45 minut w temperaturze 180 stopni.

Po upieczeniu wyjmij gorące ciasto z piekarnika i posyp je na wierzchu czekoladą startą na tarce na małych oczkach. Kiedy ostygnie, pokrój na kawałki i udekoruj paseczkami mango.

Kakaowe ciastka z orzechami pekan

- 2 średnie banany
- 1 soczyste, słodkie jabłko
- 2 garści orzechów pekan
- 1 garść nasion słonecznika
- 4 suszone daktyle
- 6 suszonych fig
- pół tabliczki gorzkiej czekolady
- 2 czubate łyżki ciemnego kakao
- 1 łyżeczka cynamonu
- 1 łyżeczka kurkumy
- 4 łyżki razowej mąki jęczmiennej
- 4 łyżki kaszy jaglanej
- szczypta soli

Do małego garnka wlej około kubka gorącej wody, zagotuj, dodaj opłukaną kaszę jaglaną i sól, gotuj na niewielkim ogniu ok. 15 minut – aż kasza spęcznieje i wchłonie wodę.

W czasie kiedy kasza będzie się gotowała:

Banany rozgnieć widelcem na papkę, przełóż do szklanej miski.

Dodaj jabłko starte ze skórką na tarce na grubych oczkach, razem z sokiem.

Wymieszaj.

Dodaj rodzynki, daktyle i figi pokrojone w plasterki, słonecznik i z grubsza posiekane orzechy, wymieszaj.

Dodaj cynamon, kurkumę i kakao, wymieszaj.

Dodaj ugotowaną, gorącą kaszę, wymieszaj.

Dodaj mąkę jęczmienną, wymieszaj.

Na blasze rozłóż arkusz papieru do pieczenia, łyżką nakładaj na nią małe, płaskie porcje.

Piecz w temp. 195 stopni przez 30 minut.

Czekoladę zetrzyj na tarce na małych oczkach.

Łyżeczką nałóż tartą czekoladę na gorące ciastka, żeby się roztopiła.

Mazurek pomarańczowy z kaszą jaglaną

- sok świeżo wyciśnięty z 1 pomarańczy
- 7 łyżek kaszy jaglanej
- niecała szklanka migdałów w płatkach
- niecała szklanka ciemnych rodzynek
- kubek połówek orzechów włoskich
- 2 łyżki siemienia lnianego
- 2 łyżki sezamu
- 2 łyżki nasion słonecznika
- garść suszonej żurawiny
- 4 suszone figi
- 4 łyżki mąki jaglanej
- 3 łyżki mąki gryczanej
- tabliczka dobrej gorzkiej czekolady
- ćwierć łyżeczki dobrej, nierafinowanej soli

Do garnka wlej ok. dwóch szklanek gorącej wody.

Dodaj opłukaną kaszę jaglaną i ćwierć łyżeczki soli. Gotuj na małym ogniu, od czasu do czasu mieszając, aż kasza będzie miękka i wchłonie całą wodę (ok. 15 minut).

Pomarańczę sparz krótko wrzątkiem. Zetrzyj skórkę na tarce na drobnych oczkach.

Wyciśnij sok z pomarańczy.

W misce wymieszaj: sok z pomarańczy, połowę startej skórki, rodzynki, słonecznik, siemię lniane, sezam, orzechy z grubsza posiekane nożem, żurawinę, płatki migdałów (zostaw trochę do dekoracji) i figi pokrojone w paseczki.

Dodaj gorącą kaszę, wymieszaj.

Dodaj mąkę gryczaną i jaglaną, wymieszaj.

Przełóż do foremki wyłożonej papierem do pieczenia.

Piecz przez 45 minut w temperaturze 180 stopni.

Po upieczeniu wyjmij gorące ciasto z piekarnika i posyp je na wierzchu czekoladą startą na tarce na małych oczkach.

Kiedy przestygnie, udekoruj startą skórką pomarańczową i płatkami migdałowymi.

Morelowe ciastka z orzechami laskowymi

- **2 średnie banany**
- **5 dojrzałych, soczystych moreli**
- **4 truskawki**
- **2 garści orzechów laskowych**
- **pół kubka ciemnych rodzynek**
- **1 garść nasion słonecznika**
- **5 suszonych daktyli**
- **pół tabliczki gorzkiej czekolady**
- **2 czubate łyżki ciemnego kakao**
- **1 łyżeczka cynamonu**
- **1 łyżeczka kurkumy**
- **2 łyżki płatków owsianych**
- **2 łyżki razowej mąki jęczmiennej**
- **4 łyżki kaszy jaglanej**
- **szczypta soli**

Do małego garnka wlej około kubka gorącej wody, zagotuj, dodaj opłukaną kaszę jaglaną i sól, gotuj na niewielkim ogniu ok. 15 minut – aż kasza spęcznieje i wchłonie wodę.

W czasie kiedy kasza będzie się gotowała:

Banany rozgnieć widelcem na papkę, przełóż do szklanej miski.

Dodaj morele starte ze skórką na tarce na grubych oczkach, razem z sokiem.

Dodaj truskawki pokrojone w plasterki, wymieszaj.

Dodaj rodzynki i daktyle pokrojone w plasterki, słonecznik i z grubsza posiekane orzechy, wymieszaj.

Dodaj cynamon, kurkumę i kakao, wymieszaj.

Dodaj drobno pokruszoną albo startą na tarce na grubych oczkach czekoladę, wymieszaj.

Dodaj ugotowaną, gorącą kaszę, wymieszaj.

Dodaj płatki owsiane i mąkę jęczmienną, wymieszaj.

Na blasze rozłóż arkusz papieru do pieczenia, łyżką nakładaj na nią małe, płaskie porcje.

Piecz w temp. 195 stopni przez 30 minut.

Orzechowe ciastka z czekoladą

- **2 średnie banany**
- **2 soczyste brzoskwinie**
- **4 garści orzechów włoskich**
- **2 łyżki nasion słonecznika**
- **2 łyżki nasion dyni**
- **6 suszonych daktyli**
- **4 suszone figi**
- **pół tabliczki gorzkiej czekolady**
- **1 łyżeczka cynamonu**
- **1 łyżeczka kurkumy**
- **4 łyżki razowej mąki jęczmiennej**
- **4 łyżki kaszy jaglanej**
- **szczypta soli**

Do małego garnka wlej około kubka gorącej wody, zagotuj, dodaj opłukaną kaszę jaglaną i sól, gotuj na niewielkim ogniu ok. 15 minut – aż kasza spęcznieje i wchłonie wodę.

W czasie kiedy kasza będzie się gotowała:

Banany rozgnieć widelcem na papkę, przełóż do szklanej miski.

Dodaj brzoskwinie starte ze skórką na tarce na grubych oczkach, razem z sokiem.

Wymieszaj.

Dodaj daktyle i figi pokrojone w plasterki, nasiona dyni i slonecznika oraz z grubsza posiekane orzechy, wymieszaj.

Dodaj cynamon i kurkumę, wymieszaj.

Dodaj ugotowaną, gorącą kaszę, wymieszaj.

Dodaj mąkę jęczmienną, wymieszaj.

Na blasze rozłóż arkusz papieru do pieczenia, łyżką nakładaj na nią małe, płaskie porcje.

Piecz w temp. 195 stopni przez 30 minut.

Czekoladę zetrzyj na tarce na małych oczkach.

Łyżeczką nałóż tartą czekoladę na gorące ciastka, żeby się roztopiła.

Owsiane ciastka z jagodami

- **2 średnie banany**
- **pół dużego soczystego jabłka**
- **kubek jagód albo borówek**
- **2 garści nasion słonecznika**
- **7 suszonych daktyli**
- **2 garści orzechów nerkowca**
- **1 łyżeczka kurkumy**
- **pół kubka płatków owsianych**
- **2 łyżki mąki jęczmiennej**
- **4 łyżki kaszy jaglanej**
- **szczypta soli**

Do małego garnka wlej około kubka gorącej wody, zagotuj, dodaj opłukaną kaszę jaglaną i sól, gotuj na niewielkim ogniu ok. 15 minut – aż kasza spęcznieje i wchłonie wodę.

W czasie kiedy kasza będzie się gotowała:

Banany rozgnieć widelcem na papkę, przełóż do szklanej miski.

Dodaj jabłko starte ze skórką na tarce na grubych oczkach, razem z sokiem.

Dodaj opłukane jagody, wymieszaj.

Dodaj daktyle pokrojone w plasterki, słonecznik i z grubsza posiekane orzechy, wymieszaj.

Dodaj kurkumę, wymieszaj.

W tym momencie kasza powinna być już gotowa.

Dodaj gorącą kaszę do miski, wymieszaj.

Dodaj płatki owsiane i mąkę, wymieszaj.

Na blasze rozłóż arkusz papieru do pieczenia, łyżką nakładaj na nią małe, płaskie porcje.

Piecz w temp. 195 stopni przez 30 minut.

Poziomkowe ciastka z sezamem i czekoladą

- **2 średnie banany**
- **niecały kubek poziomek**
- **pół kubka świeżo wyciśniętego soku z pomarańczy**
- **1 garść nasion słonecznika**
- **1 garść nasion dyni**
- **pół kubka sezamu**
- **4 suszone daktyle**
- **3 suszone figi**
- **2 łyżki ciemnych rodzynek**
- **pół tabliczki gorzkiej czekolady**
- **1 łyżeczka cynamonu**
- **1 łyżeczka kurkumy**
- **2 goździki**
- **4 łyżki razowej mąki jęczmiennej**
- **4 łyżki kaszy jaglanej**
- **szczypta soli**

Do małego garnka wlej około kubka gorącej wody, zagotuj, dodaj opłukaną kaszę jaglaną, goździki i sól, gotuj na niewielkim ogniu ok. 15 minut – aż kasza spęcznieje i wchłonie wodę.

W czasie kiedy kasza będzie się gotowała:

Banany rozgnieć widelcem na papkę, przełóż do szklanej miski.

Dodaj poziomki i sok, wymieszaj.

Dodaj rodzynki, daktyle i figi pokrojone w plasterki, słonecznik, dynię i sezam, wymieszaj.

Dodaj cynamon i kurkumę, wymieszaj.

Dodaj ugotowaną, gorącą kaszę (bez goździków), wymieszaj.

Dodaj mąkę jęczmienną, wymieszaj.

Na blasze rozłóż arkusz papieru do pieczenia, łyżką nakładaj na nią małe, płaskie porcje.

Piecz w temp. 195 stopni przez 30 minut.

Czekoladę zetrzyj na tarce na małych oczkach.

Łyżeczką nałóż tartą czekoladę na gorące ciastka, żeby się roztopiła. Posyp sezamem.

DESERY

Budyń czekoladowy z daktylami

Cudowny, delikatny, słodki, ale oczywiście bez mleka, bez jajek, bez masła i bez cukru ☺

- **10 łyżek soku świeżo wyciśniętego z pomarańczy**
- **10 łyżek orzechów nerkowca**
- **7 łyżek świeżo ugotowanej, jeszcze ciepłej kaszy jaglanej**
- **1 banan**
- **1 czubata łyżka dobrego, czarnego kakao**
- **5 suszonych daktyli**
- **kawałek gorzkiej czekolady**

Kaszę jaglaną ugotuj w wodzie z dodatkiem odrobiny soli.

Użyj soku świeżo wyciśniętego z prawdziwej pomarańczy, najlepiej przy pomocy ślimakowej wyciskarki, która nada mu odpowiednią gęstość.

Banana i daktyle pokrój na mniejsze kawałki, dodaj orzechy, kaszę, sok i kakao, zmiksuj w malakserze.

Podawaj posypane wiórkami gorzkiej czekolady.

Budyń pomarańczowy z orzechami

- **10 łyżek soku świeżo wyciśniętego z pomarańczy**
- **10 łyżek niesolonych orzeszków ziemnych**
- **7 łyżek świeżo ugotowanej, jeszcze ciepłej kaszy jaglanej**
- **1 banan**
- **4 łyżki ciemnych rodzynek**
- **ćwierć łyżeczki kurkumy**

Kaszę jaglaną ugotuj w wodzie z dodatkiem odrobiny soli.

Użyj soku świeżo wyciśniętego z prawdziwych pomarańczy.

Banana pokrój na mniejsze kawałki, dodaj orzeszki, rodzynki, kaszę, sok i kurkumę, zmiksuj w malakserze. Podawaj posypane rodzynkami.

Deser truskawkowo-figowy

- **10 dojrzałych, świeżych truskawek**
- **3 duże, miękkie suszone figi**
- **2 łyżki nasion słonecznika**
- **3 czubate łyżki świeżo ugotowanej kaszy jaglanej**

Truskawki umyj, obierz z szypułek.

Figi pokrój na mniejsze kawałki.

Zmiksuj wszystkie składniki w blenderze. Jeśli masa okaże się zbyt gęsta, możesz dodać odrobinę wody (ja nie dolewałam).

Podawaj od razu ozdobione figowym plasterkiem.

Budyń jabłkowy z amarantusem

- **1 soczyste, słodkie jabłko (najlepiej ligol albo jonagored)**
- **1 banan**
- **2 łyżki ugotowanej kaszy jaglanej**
- **2 łyżki ekspandowanego amarantusa**
- **szczypta cynamonu**

Jabłko umyj, pokrój razem ze skórką na ćwiartki, wyjmij twarde łuski z gniazd nasiennych.

Banana obierz, odetnij końcówki z obu stron, pozostały miąższ pokrój na plastry.

W malakserze zmiksuj banana z jabłkiem, kaszą, szczyptą cynamonu i 1 łyżką amarantusa.

Posyp na wierzchu pozostałym amarantusem.

Pewnie myślisz, że to będzie za mało słodkie, ale zapewniam cię, że słodkie polskie jabłka i banan mają w sobie tak dużo naturalnej słodyczy, że niczym więcej nie trzeba dosładzać.

Budyń jabłkowy z migdałami

Budyń jaglany z nutą cynamonu i naturalną słodyczą owoców.

- **10 łyżek soku świeżo wyciśniętego ze słodkich jabłek (np. ligoli albo cortlandów)**
- **10 łyżek płatków migdałowych**
- **7 łyżek świeżo ugotowanej, jeszcze ciepłej kaszy jaglanej**
- **1 banan**
- **4 łyżki ciemnych rodzynek**
- **1 słodkie, soczyste jabłko**
- **ćwierć łyżeczki cynamonu**

Kaszę jaglaną ugotuj w wodzie z dodatkiem odrobiny soli.

Użyj soku świeżo wyciśniętego z prawdziwych jabłek. Ja używam do tego wyciskarki ślimakowej. Jeżeli nie masz urządzenia do wyciskania soku z jabłek albo uważasz, że to zbyt skomplikowane, możesz użyć soku wyciśniętego z pomarańczy.

Banana i jabłko pokrój na mniejsze kawałki, dodaj migdały, rodzynki, kaszę, sok i cynamon, zmiksuj w malakserze.

Ilości poszczególnych składników mogą się trochę różnić, bo wiele zależy od tego jak wilgotna będzie twoja kasza albo jak duże będzie jabłko i banan. Gęstość deseru możesz regulować za pomocą większej lub mniejszej ilości soku z jabłek.

Czekoladowo-orzechowy deser z bakaliami

- 5 suszonych śliwek
- 2 łyżki ciemnych rodzynek
- pół kubka łuskanych orzechów laskowych
- 4 suszone morele (ciemne, nie pomarańczowe)*
- 3 suszone figi
- 4 łyżki świeżo ugotowanej kaszy jaglanej
- 1 łyżka ciemnego kakao

Pokrój śliwki i figi na mniejsze kawałki.

Zmiksuj wszystkie składniki na kremową masę.

Deser jabłkowy z orzechami

- **1 soczyste, słodkie jabłko (świetnie się nadaje ligol)**
- **1 banan**
- **6 połówek orzechów włoskich**
- **3 łyżki świeżo ugotowanej kaszy jaglanej**

Kaszę jaglaną ugotuj w wodzie z dodatkiem odrobiny soli.

Banana i jabłko pokrój na mniejsze kawałki, zmiksuj w malakserze.

Dodaj 5 połówek orzechów i kaszę jaglaną, zmiksuj na gładką masę.

Podawaj od razu z połówką orzecha.

Deser gruszkowo-orzechowy z amarantusem

- **1 gruszka**
- **1 banan**
- **2 figi**
- **2 łyżki ciemnych rodzynek**
- **5 łyżek łuskanych orzechów laskowych**
- **5 łyżek łuskanych orzechów włoskich**
- **pół kubka ekspandowanego amarantusa**
- **pół kubka świeżo ugotowanej kaszy jaglanej**

Gruszkę umyj, pokrój ze skórką na mniejsze kawałki, usuń gniazdo nasienne.

Banana bez skórki pokrój na plastry.

Figi pokrój w paski.

Zmiksuj wszystkie składniki w malakserze, zostawiając trochę amarantusa do posypania deseru na wierzchu.

Kasza z czekoladowym sosem śliwkowym

Zwykła skromna kasza jaglana może się zamienić w pyszny deser, jeśli tylko polejesz ją odpowiednio bogatym sosem.

Przygotuj świeżo ugotowaną, jeszcze ciepłą kaszę jaglaną. Włóż ją ciasno do małej filiżanki (np. do kawy expresso), ubij na wierzchu. Przykryj filiżankę małym talerzem, a potem odwróć talerz do góry nogami, tak żeby filiżanka znalazła się na nim. Postukaj w dno filiżanki, a potem delikatnie unieś ją do góry – tak żeby na talerzu została ładnie uformowana wieża z kaszy.

Polej ją sosem czekoladowo-śliwkowym i posyp wiórkami czekolady – przepis znajdziesz na stronie 236.

Kasza z sosem figowym

Przygotuj świeżo ugotowaną, jeszcze ciepłą kaszę jaglaną.

Nałóż porcję kaszy do ładnej miseczki.

Polej ją obficie sosem bananowo-figowym – przepis znajdziesz na str. 234.

CHLEBY

Chleb jaglany
z czarnuszką i orzechami

- **250 g mąki żytniej razowej**
- **ok. 250 ml wody**
- **5–6 łyżek zakwasu**

Wymieszaj drewnianą łyżką w szklanej misie (ok. 10 minut).

Wody dodaj tyle, żeby powstała gęsta pasta.

Odłóż 6 łyżek zakwasu na następny chleb.

Miskę przykryj czystą ścierką i zostaw na noc do wyrośnięcia.

Następnego dnia dodaj:

- **200 g mąki jaglanej (najlepiej razowej)**
- **100 g mąki gryczanej**
- **ok. 300 ml wody**
- **łyżka dobrej, nierafinowanej soli**

Wymieszaj dokładnie drewnianą łyżką.

Dodaj:

- **1 łyżka czarnuszki**
- **1 łyżeczka kminku**
- **1 garść nasion dyni**
- **1 garść nasion słonecznika**
- **2 garści orzechów włoskich, z grubsza posiekanych**
- **1 garść rodzynek**

Wymieszaj.

Przełóż do podłużnej foremki (dł. 30 cm) wysmarowanej oliwą z oliwek.

Posyp na wierzchu czarnuszką.

Wstaw do piekarnika.

Zostaw do wyrośnięcia na kilka godzin.

Po kilku godzinach:

Włącz piekarnik.

Piecz chleb przez 55 minut w temperaturze 200 stopni.

Chleb jaglany
z czarnuszką i słonecznikiem

- **250 g mąki żytniej razowej**
- **ok. 250 ml wody**
- **5–6 łyżek zakwasu**

Wymieszaj drewnianą łyżką w szklanej misie (ok. 10 minut).

Wody dodaj tyle, żeby powstała gęsta pasta.

Odłóż 6 łyżek zakwasu na następny chleb.

Miskę przykryj czystą ścierką i zostaw na noc do wyrośnięcia.

Następnego dnia dodaj:

- **200 g mąki jaglanej (najlepiej razowej)**
- **100 g mąki jęczmiennej**
- **ok. 300 ml wody**
- **łyżka dobrej, nierafinowanej soli**

Wymieszaj dokładnie drewnianą łyżką.

Dodaj:

- **1 łyżka czarnuszki**
- **1 łyżeczka**
- **2 garści nasion słonecznika**
- **1 garść ekspandowanego amarantusu**
- **10 suszonych śliwek**

Wymieszaj.

Przełóż do podłużnej foremki (dł. 30 cm) wysmarowanej olejem (ja użyłam oleju kokosowego).

Posyp na wierzchu czarnuszką.

Wstaw do piekarnika.

Zostaw do wyrośnięcia na kilka godzin.

Po kilku godzinach:

Włącz piekarnik.

Piecz chleb przez 55 minut w temperaturze 200 stopni.

Chleb na żytnim zakwasie
ze śliwkami i orzechami włoskimi

- **250 g mąki żytniej razowej**
- **ok. 250 ml wody**
- **5–6 łyżek zakwasu**

Wymieszaj drewnianą łyżką w szklanej misie (ok. 10 minut).

Wody dodaj tyle, żeby powstała gęsta pasta.

Odłóż 6 łyżek zakwasu na następny chleb.

Miskę przykryj czystą ścierką i zostaw na noc do wyrośnięcia.

Następnego dnia dodaj:

- **100 g razowej mąki jaglanej**
- **100 g mąki gryczanej**
- **100 g mąki jęczmiennej**
- **ok. 300 ml wody**
- **łyżka dobrej, nierafinowanej soli**

Wymieszaj dokładnie drewnianą łyżką.

Dodaj:

- **1 garść nasion dyni**
- **1 garść nasion słonecznika**
- **1 garść siemienia lnianego**
- **2 garści orzechów włoskich, z grubsza posiekanych**
- **10 suszonych śliwek pokrojonych w plasterki**
- **1 łyżeczka czarnuszki**
- **pół łyżeczki kminku**
- **pół łyżeczki kopru włoskiego**

Wymieszaj.

Przełóż do podłużnej foremki (dł. 30 cm) wysmarowanej oliwą z oliwek.

Posyp na wierzchu czarnuszką.

Wstaw do piekarnika.

Zostaw do wyrośnięcia na kilka godzin.

Po kilku godzinach:

Włącz piekarnik.

Piecz chleb przez 55 minut w temperaturze 200 stopni.

Chleb jaglany
z migdałami i sezamem

- **250 g mąki żytniej razowej**
- **ok. 250 ml wody**
- **5–6 łyżek zakwasu**

Wymieszaj drewnianą łyżką w szklanej misie (ok. 10 minut).

Wody dodaj tyle, żeby powstała gęsta pasta.

Odłóż 6 łyżek zakwasu na następny chleb.

Miskę przykryj czystą ścierką i zostaw na noc do wyrośnięcia.

Następnego dnia dodaj:

- **300 g mąki jaglanej (najlepiej razowej)**
- **ok. 300 ml wody**
- **łyżka dobrej, nierafinowanej soli**

Wymieszaj dokładnie drewnianą łyżką.

Dodaj:

- **1 duża garść nasion słonecznika**
- **2 garści nasion dyni**
- **2 garści sezamu**
- **2 garści płatków migdałowych**
- **1 garść suszonych śliwek pokrojonych na połówki lub ćwiartki (zależnie od ich wielkości, ja miałam małe, polskie suszone)**

Wymieszaj.

Przełóż do podłużnej foremki (dł. 30 cm) wysmarowanej oliwą z oliwek.

Na wierzchu gęsto posyp sezamem.

Wstaw do piekarnika.

Zostaw do wyrośnięcia na kilka godzin.

Po kilku godzinach:

Włącz piekarnik.

Piecz chleb przez 65 minut w temperaturze 200 stopni.

Chleb z migdałami i czarnuszką

- **250 g mąki żytniej razowej**
- **ok. 250 ml wody**
- **5–6 łyżek zakwasu**

Wymieszaj drewnianą łyżką w szklanej misie (ok. 10 minut).

Wody dodaj tyle, żeby powstała gęsta pasta.

Odłóż 6 łyżek zakwasu na następny chleb.

Miskę przykryj czystą ścierką i zostaw na noc do wyrośnięcia.

Następnego dnia dodaj:

- **200 g mąki jaglanej (najlepiej razowej)**
- **100 g mąki jęczmiennej**
- **ok. 300 ml wody**
- **łyżka dobrej, nierafinowanej soli**

Wymieszaj dokładnie drewnianą łyżką.

Dodaj:

- **3 garści płatków migdałowych**
- **1 garść siemienia lnianego**
- **1 garść sezamu**
- **1 łyżka czarnuszki**
- **pół łyżki kopru włoskiego**
- **2 garści nasion dyni**
- **10 suszonych śliwek**
- **garść z grubsza posiekanych orzechów pekan**

Wymieszaj.

Przełóż do podłużnej foremki (dł. 30 cm) wysmarowanej oliwą z oliwek.

Posyp na wierzchu słonecznikiem i czarnuszką.

Wstaw do piekarnika.

Zostaw do wyrośnięcia na kilka godzin.

Po kilku godzinach:

Włącz piekarnik.

Piecz chleb przez 55 minut w temperaturze 200 stopni.

Chleb z siemieniem lnianym i migdałami

- **250 g mąki żytniej razowej**
- **ok. 250 ml wody**
- **5–6 łyżek zakwasu**

Wymieszaj drewnianą łyżką w szklanej misie (ok. 10 minut).

Wody dodaj tyle, żeby powstała gęsta pasta.

Odłóż 6 łyżek zakwasu na następny chleb.

Miskę przykryj czystą ścierką i zostaw na noc do wyrośnięcia.

Następnego dnia dodaj:

- **100 g mąki jęczmiennej**
- **100 g mąki gryczanej**
- **100 g razowej mąki jaglanej**
- **ok. 300 ml wody**
- **łyżkę dobrej, nierafinowanej soli**

Wymieszaj dokładnie drewnianą łyżką.

Dodaj:

- **1 garść nasion dyni**
- **1 garść siemienia lnianego**
- **2 garści płatków migdałowych**
- **1 garść ciemnych rodzynek**

Wymieszaj.

Przełóż do podłużnej foremki (dł. 30 cm) wysmarowanej oliwą z oliwek.

Na wierzchu posyp płatkami migdałowymi.

Wstaw do piekarnika.

Zostaw do wyrośnięcia na kilka godzin.

Po kilku godzinach:

Włącz piekarnik.

Piecz chleb przez 60 minut w temperaturze 200 stopni.

Chleb jaglano-gryczany z nasionami

- **250 g mąki żytniej razowej**
- **ok. 250 ml wody**
- **5–6 łyżek zakwasu**

Wymieszaj drewnianą łyżką w szklanej misie (ok. 10 minut).

Wody dodaj tyle, żeby powstała gęsta pasta.

Odłóż 6 łyżek zakwasu na następny chleb.

Miskę przykryj czystą ścierką i zostaw na noc do wyrośnięcia.

Następnego dnia dodaj:

- **150 g mąki jaglanej (najlepiej razowej)**
- **150 g mąki gryczanej**
- **ok. 300 ml wody**
- **łyżkę dobrej, nierafinowanej soli**

Wymieszaj dokładnie drewnianą łyżką.

Dodaj:

- **2 garści nasion dyni**
- **2 garści nasion słonecznika**
- **2 garści orzechów włoskich, z grubsza posiekanych**
- **2 łyżki czarnuszki**

Wymieszaj.

Przełóż do podłużnej foremki (dł. 30 cm) wysmarowanej oliwą z oliwek.

Posyp na wierzchu słonecznikiem.

Wstaw do piekarnika.

Zostaw do wyrośnięcia na kilka godzin.

Po kilku godzinach:

Włącz piekarnik.

Piecz chleb przez 65 minut w temperaturze 200 stopni.

Od Autorki: Lubię przecinki. Daję im artystyczną wolność, nieskrępowaną schematem. Przecinek mówi czasem więcej niż słowo, zatrzymuje myśl, oddziela znaczenia, a czasem nadaje im nowy sens. Także wtedy kiedy znika.

I dlatego przecinki w tej książce są postawione i zniknięte zgodnie z artystyczną wolnością, wbrew zaleceniom korekty i na moją odpowiedzialność.

Beata Pawlikowska

Edipresse Polska SA
ul. Wiejska 19, 00-480 Warszawa

Dyrektor ds. książek: Iga Rembiszewska
Redaktor inicjujący: Natalia Gowin
Produkcja: Klaudia Lis
Marketing i promocja: Renata Bogiel-Mikołajczyk
Digital i projekty specjalne: Katarzyna Domańska
Dystrybucja i sprzedaż: Izabela Łazicka (tel. 22 584 23 51), Beata Trochonowicz (tel. 22 584 25 73), Andrzej Kosiński (tel. 22 584 24 43)

Tekst, zdjęcia i przepisy: Beata Pawlikowska
Projekt okładki: Beata Pawlikowska i Maciej Szymanowicz
Opracowanie graficzne: Beata Pawlikowska i Maciej Szymanowicz
DTP: Maciej Szymanowicz

Dodatkowe ilustracje w tle z agencji Shutterstock: str. 2, 8, 11, 12-13, 15-18, 21, 26, 29, 36, 45, 59, 66, 74, 80-91, 84-85, 99, 106, , 111, 118-119, 128-129, 137, 139, 141, 145, 149, 152-153, 164, 166, 171, 178, 182, 188, 191, 200, 228, 229, 230, 238, 240, 243, 246, 252, 256, 260, 262, 266, 268, 276, 291, 294, 300-301, 304, 306-307, 309, 311, 313, 316-317, 319, 322, 335

EDIPRESSE KSIĄŻKI
Biuro Obsługi Klienta
www.hitsalonik.pl
mail: bok@edipresse.pl
tel.: 22 584 22 22
(pon.-pt. w godz. 8:00-17:00)
www.facebook.com/edipresseksiazki

Druk i oprawa: Białostockie Zakłady Graficzne S.A.

ISBN: 978-83-7945- 441-9

EDIPRESSE
KSIĄŻKI

Te soki i koktajle
z łatwością zrobisz w domu!
– autorskie przepisy Beaty Pawlikowskiej

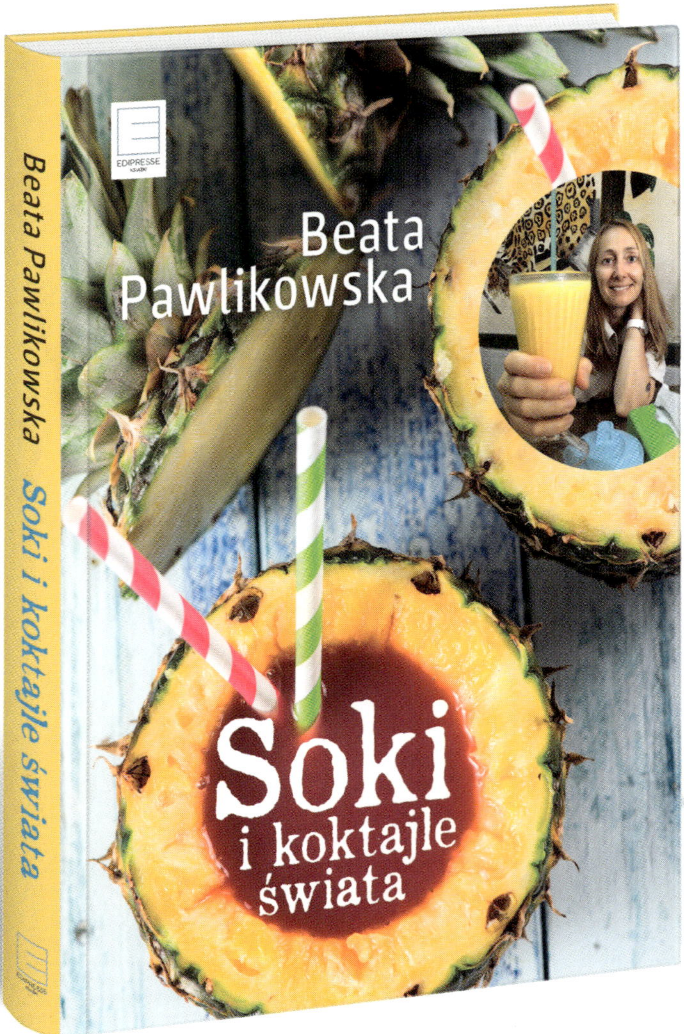

Polskie owoce i warzywa wspaniale nadają się do przyrządzania soków. To witaminy w najprostszej i najbardziej smacznej postaci! W tej książce znajdziesz ponad 70 różnych soków i koktajl – to moje własne ulubione przepisy oraz przepisy inspirowane tradycjami egzotycznych krajów.

Beata Pawlikowska

Patroni:

radio ZET · be active dietetyka & fitness · poradnik domowy · polki.pl · gotujmy.pl

Książka dostępna we wszystkich dobrych księgarniach oraz na **www.hitsalonik.pl**

Znajdź nas na Facebooku: **www.facebook.com/edipresseksiazki**

KSIĄŻKA DOSTĘPNA TAKŻE JAKO EBOOK